AF248345

FACULTÉ DE DROIT DE PARIS

DE

L'EXTINCTION DE L'USUFRUIT

ET DES

CONSÉQUENCES DE CETTE EXTINCTION

EN DROIT ROMAIN ET EN DROIT FRANÇAIS

THÈSE POUR LE DOCTORAT

*L'acte public sur les matières ci-après sera soutenu le vendredi 5 août 1859
à une heure*

PAR

CHARLES-MARIE-JULES NAMUROY

Avocat à la Cour impériale de Paris

NÉ A SAINT-QUENTIN (AISNE)

PRÉSIDENT : **M. OUDOT**, Professeur

SUFFRAGANTS : { **MM. ROYER-COLLARD,**
PELLAT,
VUATRIN, } Professeurs
DEMANGEAT, Suppléant

*Le Candidat répondra en outre aux questions qui lui seront faites
sur les autres matières de l'enseignement*

PARIS

IMPRIMERIE DE J. CLAYE, 7 RUE SAINT-BENOIT

1859

SOMMAIRE

DROIT ROMAIN.

DROIT FRANÇAIS.

DROIT DU CODE NAPOLÉON.

DROIT ROMAIN.

Livre VII, titre IV, *Digeste.—Code*, Livre, titre, *Passim*.

NOTIONS PRÉLIMINAIRES.

1. Dans sa plénitude, le plus absolu des droits réels, la propriété, comprend le droit d'user de la chose, le droit d'en acquérir les fruits et le droit d'en faire un usage définitif.

On peut concevoir la propriété destituée des deux premiers de ces droits ou de l'un d'eux seulement. Ainsi l'esprit se fait aisément à l'idée qu'une personne a, soit l'usufruit, soit l'usage d'un bien dont un autre est propriétaire.

2. Quand une chose est grevée d'usufruit, le droit du propriétaire, toujours singulièrement borné, pourrait même souvent être illusoire, s'il n'existait pas des causes d'extinction du droit de l'usufruitier, et si, par suite, la faculté d'acquérir les fruits de la chose ne faisait pas retour à la nue-propriété. Ce sont ces causes d'extinction que je me suis proposé d'examiner.

3. Les jurisconsultes romains ont-ils classifié les modes d'extinction de l'usufruit ? Paul, dans ses Sentences, semble faire une distinction entre la manière dont finit l'usufruit (*finitur*) et celle dont il se perd (*amittitur*). De là on a induit une classification en *modes naturels* (c'est-à-dire qui doivent

infailliblement se produire, la mort et l'expiration du temps)
et en *modes accidentels* (auxquels n'a pas dû se référer la prévision des parties, et qui arrivent en quelque sorte contre leur
attente). Mais les autres jurisconsultes ne faisaient pas cette
distinction. Ulpien, Fr. 5, *quid. mod. ususf.* : « Repeti potest
ususfructus *amissus* qualicumque ratione, *dummodo non
morte*. » Fr. 5, § 3 : « *Morte* quoque *amitti* usumfructum. »
Gaïus, Fr. 5, § 3, *de usufr.* : « Quibus modis ususfructus et
constituitur et *finitur*. » Fr. 8, *de annuis legatis*, « Sane capitis deminutione non finitur, cum *ususfructus finiatur*. »
Just. Inst., *de usufr.*, §§ 3 et 4 : « *Finitur* ususfructus.......
et duabus capitis diminutionibus et non utendo. »

La distinction dont il s'agit n'était donc admise tout au
plus que par Paul, et nous sommes même disposé à croire
que c'est à tort qu'on lui en attribue l'intention. Ce jurisconsulte, dans le § 52 des Fragm. Vatic., parlant de tous les
modes d'extinction, emploie le terme générique *amittitur*.
Ainsi, d'après Paul lui-même, la mort serait un cas d'*a-
missio*.

Il dit même, dans le passage des Sentences d'où on a tiré
la prétendue division : « *Ususfructus amissus* revertitur ad
» proprietatem. » S'il eût voulu distinguer entre les modes
de *finis* et d'*amissio*, il aurait prévu les deux cas : ususfructus
finitus aut *amissus*.

D'ailleurs les jurisconsultes romains, s'ils méritent des
éloges, ne brillent pas par leurs classifications. Pourquoi
donc ici leur en prêter une qui n'aurait aucune utilité pratique, les conséquences de la *finis* et de l'*amissio* étant toujours les mêmes ? Il ne faut donc voir dans les expressions
finitur, et *amittitur* employées par les Sentences de Paul,
qu'une variété d'expressions, et non pas une diversité d'i-
dées.

Ainsi, le droit romain n'avait pas distingué entre les
divers modes d'extinction de l'usufruit. Cependant deux dis-

tinctions pourraient s'induire du rapprochement de plusieurs textes : 1° certains modes n'entraînent qu'une extinction partielle, c'est-à-dire que l'usufruit continue d'exister dans quelques-unes de ses parties ; quand d'autres, au contraire, emportent toujours extinction totale. Tous les modes, sauf la mort et le changement d'état, peuvent être des modes d'extinction partielle, dit le Fr. 14, *quib. mod. usufr.* ; 2° certains modes peuvent être prévus à l'avance et paralysés par l'effet d'une répétition ; d'autres ne le peuvent pas. Du reste, ces deux observations seront développées avec plus de détail dans le cours de ce travail.

4. Tous les modes d'extinction s'appliquent indifféremment à l'usufruit, qu'il soit constitué valablement aux yeux du droit civil, ou qu'il n'existe qu'en vertu du droit prétorien. Le Fr. 1, *quib. mod.*, après avoir posé ce principe, ajoute : En conséquence, l'usufruit, même constitué par tradition, de même celui constitué, mais non aux yeux du droit civil, par un emphytéote ou un superficiaire, se perd par la *capitis minutio : proinde traditus quoque ususfructus, item in fundo rectigali vel superficie non jure constitutus capitis minutione amittitur.* Ce texte avait donné lieu à plusieurs difficultés.

D'abord, Antoine Fabre, dans ses *Rationalia ad Pandectas*, tit. II, p. 659, D., lit, au lieu *de traditus quoque ususfructus, traditus quomodocumque* ; alors au lieu de traduire : l'usufruit constitué par tradition (moyen prétorien), il faudrait dire : l'usufruit constitué de quelque façon que ce soit, soit par un mode de droit civil, soit par un mode prétorien. Cette variante serait inutile ; car la phrase précédente disait déjà la même chose. Il vaut mieux donc laisser *quoque* en le traduisant par même, et entendre *traditus* de l'usufruit constitué par simple tradition, et conséquemment n'existant pas aux yeux du droit civil. Du reste, cette explication ne peut plus être mise en doute, depuis la découverte des *Fragm. Vatic.* Le § 61 de ces *fragmenta*, qui est le texte original et pur, dont le Fr. 1, pr. n'est qu'un extrait, porte après les mots : *Traditus quoque ususfructus*, ceux-ci : *Scilicet in fundo stipendiario vel tributario*, etc., etc. Il est évident qu'on ne pouvait constituer d'usufruit civil sur les fonds stipendiaires ou tributaires (c'est-à-dire sur les fonds provinciaux). Donc, *traditus* ne peut s'entendre que d'un moyen prétorien, de la tradition qui servait à constituer sur les fonds un usufruit prétorien. Les mots *scilicet in fundo stipendiario vel tributario* ont été supprimés dans le Digeste, parce que Justinien avait abrogé toute différence entre les fonds provinciaux et les fonds italiques, et que par conséquent l'usufruit qui aurait été établi sur un fonds provincial aurait pu être un véritable usufruit civil ; on n'aurait donc pu lui appliquer l'épithète de *non jure constitutus*. Quant à l'usufruit constitué par l'emphytéote et le superficiaire, qui ne sont pas propriétaires, il ne peut exister qu'en vertu du droit prétorien : bien qu'il n'existe pas aux yeux du droit civil, il n'en laissera pas moins d'être éteint par les modes ordinaires de déchéance de l'usufruit. Si ces modes, en effet, éteignent le véritable usufruit civil, à plus forte raison doivent-ils avoir action sur celui qui n'a d'existence que par l'autorité du préteur.

PREMIÈRE PARTIE.

DES MODES D'EXTINCTION EN EUX-MÊMES.

5. Comme il est de l'essence de l'usufruit que le droit cesse d'exister quand la substance de la chose se trouve éteinte, on

ne comprend pas la possibilité d'établir un droit de ce genre sur les objets qui ne résistent pas au premier usage. Aussi, n'est-ce que postérieurement à Cicéron, qu'un sénatusconsulte leva la difficulté en permettant de constituer sur ces biens, non pas un usufruit proprement dit, mais le droit qu'on a appelé *quasi usufruit* et qui contient une véritable transmission de propriété, à la charge de restituer, à l'arrivée de certains événements, des choses de même espèce. — Nous aurons à voir les différences qui existent, quant aux modes d'extinction, entre le véritable usufruit et le quasi ususufruit.

L'usufruit peut être l'objet, non pas encore d'un droit réel, mais simplement d'un droit de créance. Nous nous occuperons également de la perte de ce droit personnel, et même de celle de l'expectative d'usufruit qui pourrait résulter d'un legs non encore ouvert.

CHAPITRE PREMIER.

EXTINCTION DU VÉRITABLE USUFRUIT.

6. Les modes d'extinction de l'usufruit sont au nombre de huit ; ils procèdent soit de la personne même de l'usufruitier (mort, *capitis deminutio*, cession à titre onéreux ou gratuit, non-usage, consolidation), soit de l'objet de l'usufruit (perte, changement de la chose), soit enfin des clauses mêmes expresses ou tacites de la constitution (terme et condition, résolution des droits du constituant).

SECTION I.

MODES PROCÉDANT DE LA PERSONNE DE L'USUFRUIT.

§ 1. — Mort.

7. L'usufruit, servitude personnelle, est un droit attaché à

une personne déterminée, et doit s'éteindre avec cette personne. C'est ce qui faisait dire à Salvien (*Cent. avar.*, liv. III,
p. 103) : « L'usufruitier vit comme un riche et meurt comme
un mendiant. »

8. L'usufruit ne passera donc pas aux héritiers, à moins
que le constituant ne l'ait formellement ordonné, et encore,
en ce cas, n'y aura-t-il pas continuation du premier usufruit,
mais bien un nouveau droit constitué en la personne même
des héritiers. De là les conséquences suivantes : l'héritier
sera obligé de renouveler la caution de jouir en bon père de
famille ; — en outre, cet héritier du légataire tenant directement son droit du testateur, et ne le recevant point par transmission de son auteur, aura, même quand celui-ci serait mort
avant le *de cujus*, l'avantage de recueillir le legs de l'usufruit
en son propre nom, tandis qu'un legs, dans les conditions
ordinaires, serait caduc. (Voët, *ad Pandectas, h. tit.*)

9. Nous venons de voir que le testateur pouvait léguer un
usufruit à une personne déterminée et à ses héritiers. Mais
quand il s'était servi de ces expressions générales « et à ses
héritiers, » quel était l'effet du legs? L'usufruit cessait-il à la
mort du premier héritier immédiat, ou bien passait-il aux
successeurs de celui-ci, de telle sorte que la nue-propriété
restât éternellement inerte entre les mains des héritiers du
constituant? Justinien, pour un cas analogue, que nous allons examiner tout à l'heure, nous apprend qu'il y avait
controverse. Il est probable que la discussion s'étendait également à l'hypothèse qui nous occupe. Par argument de la
décision que Justinien a prise dans l'espèce rapportée au
n° 10, on peut croire qu'il a borné la durée de ce legs au
premier légataire et à son héritier immédiat. — Cependant,
le Fr. 22, *C., de legatis*, qu'on pourrait appuyer du fr. 20.
D. de annuis leg., décide que si un testateur, en faisant un
legs d'annuité, a entendu en faire profiter non-seulement le
premier légataire, mais encore tous ses héritiers d'une ma-

nière générale, les héritiers mêmes des héritiers y auront droit. Les deux décisions peuvent très bien se concilier avec la solution différente que nous donnons pour le cas d'usufruit. Elles n'ont trait qu'au legs d'annuité, c'est-à-dire au legs d'une simple redevance annuelle qui n'affecte pas la propriété et n'a pas les mêmes inconvénients, pour celle-ci, que l'usufruit, dont la prolongation pourrait réduire le droit du propriétaire à un vain titre. Il n'y aurait donc rien d'étonnant que, dans le cas de legs d'annuité, on eût laissé une durée plus longue à l'obligation de la prestation, tandis qu'on aurait restreint la durée de l'usufruit. Cette explication est d'autant plus plausible, que la G. 22, C., *de leg.*, est de Justinien (an 528), et que le même Justinien, dans la G. 11, C., *de usu et usufr.* (an 530), a restreint, pour l'usufruit, à l'héritier immédiat, l'effet du legs laissé à quelqu'un et à ses héritiers en général. Il faudrait, si l'on n'accepte pas notre interprétation, voir dans deux constitutions du même empereur une contradiction flagrante (du reste, cela n'aurait rien qui dût nous étonner : nous sommes habitués aux inconséquences de Justinien). Seulement, les deux constitutions sus-mentionnées ont été rendues à une époque trop rapprochée, pour qu'on puisse supposer que la première eût déjà été oubliée à la promulgation de la deuxième. — On pourrait dire, il est vrai, que la deuxième a entendu abroger la première, puisque la deuxième est destinée à faire cesser à l'avenir toutes controverses sur ce qu'on doit entendre, dans l'espèce, par l'expression générale d'héritiers d'une personne, expression déjà interprétée en sens inverse par la constitution de 528.

10. Si le testateur a légué à quelqu'un un fonds, en retenant l'usufruit au profit de ses propres héritiers, ce legs est-il valable? Là-dessus, controverse entre les anciens jurisconsultes. Les uns pensaient que la disposition était inutile; car, disaient-ils, par héritiers on entend non-seulement les héritiers immédiats du testateur, mais encore les

successeurs de ceux-ci et ainsi de suite, et par conséquent l'usufruit ne ferait jamais retour à la propriété, ce qu'on ne doit pas souffrir. D'autres déclaraient ce legs valable (Gaïus, Fr. 6, pr. *de usufr.*), et bornaient la durée de l'usufruit à la personne de l'héritier immédiat du testateur (Africain, Fr. 36, § 1, *de usuf.* ; Paul, Fr. 26, pr., *de usu et usuf. leg.*). Cette dernière opinion a été consacrée par Justinien (G. 14, *C.*, *de usuf.*)

11. Si l'usufruit a été légué à quelqu'un avec charge de le rendre à un fidéicommissaire, s'éteindra-t-il à la mort du fiduciaire ou à celle du fidéicommissaire? En droit pur, ce devrait être à la mort du fiduciaire. Mais le droit prétorien avait décidé qu'on s'attacherait, dans ce cas, aux événements survenant en la personne du fidéicommissaire, et que, par conséquent, l'usufruit cesserait seulement par sa mort ou ses *capitis deminutiones*, et non par celles du fiduciaire arrivant antérieurement (Gaïus, Fr. 29, *de usu et usuf. leg.*, et Fr. 4, *quib. mod.*)

12. Bien que l'usufruitier ait cédé l'exercice de son droit, ce sera toujours sa mort ou ses *capitis deminutiones*, et non pas celles du cessionnaire, qui mettront fin à l'usufruit (Fr. 9, § 1, *loc. cond.* et Fr. 8, § 2, *de peric. et comm. rei vend.*)

13. L'usufruit acquis au père de famille par son fils ou son esclave, cesse-t-il à la mort de ceux-ci ou seulement à celle du père? Justinien, dans la constitution 17, *C.*, *de usufr.*, nous apprend qu'il y avait doute sur cette question. Tranchant la controverse, il décide que l'usufruit acquis par l'esclave cessera toujours, non pas à sa mort, mais à celle de son maître, et que celui acquis par un fils de famille ne s'éteindra qu'à la mort ou aux changements d'état du dernier survivant, soit du père, soit du fils. (Il faut remarquer ici que, par usufruit acquis par le fils, nous entendons non pas l'usufruit faisant partie du pécule *castrense* ou *quasi castrense* ni celui que le

père aurait en vertu des constitutions sur le pécule adventice, mais bien celui que le fils aurait acquis *ex re patris.*)

Justinien, du reste, dans la constitution précitée, ne nous rapporte pas les termes de la discussion qu'il a tranchée.

Le § 57 des *Fragm. Vatic.* qui nous rapporte la décision donnée par Paul sur cette question, s'exprime en ces termes : « L'ususfructus *do lego*, servo legatus, morte et alienatione servi perit; si stipulatur non perit. »

Comment entendre ce texte? Suivant nous, Paul a voulu faire une différence entre le cas où l'usufruit a été acquis par suite de legs, et celui où il résulte d'une stipulation; dans le premier cas, la mort de l'esclave fait évanouir le droit, parce que les legs faits à l'esclave le sont en considération de sa personne et non de celle de son maître; dans le deuxième cas, au contraire, l'usufruit continue d'exister, parce que, dans la stipulation, c'est à la personne du maître et non à celle de l'esclave que l'on s'attache.

Quelques personnes, tout en admettant que, dans le cas de legs, la personne de l'esclave semble spécialement prise en considération, et que, dans la stipulation, cet esclave apparait plutôt comme un agent de son maître, croient cependant que le passage des *Fragm. Vatic.* dont il s'agit, appelle une autre interprétation. Quelles sont en définitive, disent-elles, les expressions mêmes du fragment 57? « L'usufruit légué « per vindicationem, *do lego* » à l'esclave, s'éteint par la mort de ce dernier. » Il paraîtrait bien, d'après cela, continue-t-on, que le legs « per damnationem » ne serait pas régi de la même façon, et que l'usufruit qui en serait l'objet ne s'éteindrait qu'à la mort du maître, comme celui qui aurait été l'objet d'une stipulation. Dès lors, le principe serait ceci : « L'usufruit constitué à l'état de droit réel dès l'origine, comme cela se produit dans le cas de legs « per vindicationem, » s'est fondé sur la personne même de l'esclave. Il doit donc s'éteindre par la mort de l'esclave. Au contraire, la constitution de l'usufruit, stipulé par l'esclave, ou légué « per damnationem, » serait l'objet d'une créance acquise au maître par l'intermédiaire de l'esclave, et se réaliserait en la personne de ce maître, à la mort duquel seulement il devrait par conséquent s'éteindre. »

Cette manière d'entendre le fragment 57 ne nous paraît pas admissible. Pour l'établir d'une manière certaine, il faudrait apporter la preuve que l'usufruit réalisé en la personne du maître, à la suite d'un legs *per damnationem* fait à son esclave, n'eût pas été éteint par la mort de cet esclave. Mais en était-il réellement ainsi? Si tel avait été l'avis de Paul, il ne se serait pas borné à dire : « si stipulatur, non perit; » il eût ajouté : « vel si legatur per damnationem. »

Usufruit appartenant à des personnes morales.

11. L'usufruit légué à une personne morale cesse avec l'existence de cette personne, par exemple, par la destruction de la ville, par la dissolution du collège (Fr. 21, *quib. mod.*).

Mais la fin d'un être juridique est bien rare. Aussi, pour empêcher l'usufruit légué à des personnes morales de durer éternellement, lui avait-on fixé un terme qu'il ne pouvait dépasser. Ce terme était la plus longue durée de la vie de l'homme, cent ans (Fr. 56, *de usuf.*, et Fr. 8, *de usu et usufr. leg.*). Le Fragment 68, *ad leg. Falcid.*, semble même restreindre ce maximum de durée à trente ans. Mais un examen plus approfondi fait reconnaître que ce fragment se réfère uniquement à une évaluation de l'usufruit. Pour réduire, en vertu de la *Falcidie*, le legs d'usufruit fait à un être moral, on évalue la durée probable de ce droit, et bien qu'en général on la porte à cent ans, comme il est possible qu'avant ce

temps la personne juridique vienne à cesser, cette simple
possibilité suffit pour qu'on ne prenne pas comme base d'é-
valuation la durée d'un siècle, mais un terme moins long,
qui est celui de trente ans (*Voy.* Cocceius).

15. Le legs d'annuité laissé à une personne morale ne finirait pas comme l'usufruit au bout de cent ans; il durerait autant que la personne (Fr.6, *de ann. leg.*). Comme nous l'avons
déjà dit, en effet, (n° 9), une redevance périodique n'a pas
les mêmes inconvénients qu'un droit réel s'incrustant dans la
chose, et paralysant le droit du propriétaire.

§ 2 CAPITIS DEMINUTIONES.

16. Autrefois l'usufruit se perdait par toutes les *capitis
deminutiones*, même par la petite, bien que Paul, dans le
Fr. 1, *de usu et usufr. leg.*, ne parle que de la *deminutio ex ma-
gna causa*. Ce fragment est évidemment interpolé et arrangé
par Tribonien pour cadrer avec le nouveau système de
Justinien, car il est contraire à d'autres passages du
même Paul, qui nous sont parvenus dans leur pureté (Paul,
Sentences, l. III, tit. VI, § 29).

17. Sous Justinien, la *minima capitis deminutio* ne fait
plus perdre l'usufruit. Quel est le motif de cette innovation ?
On a en donné deux explications :

La première consiste à dire que la *deminutio capitis* ne doit
entraîner la perte de l'usufruit que parce qu'elle est l'image de
la mort, ou tout au moins de la non-existence : *Servi pro nullis
habentur, deportatos pro mortuis haberi...* (Fr. 32, *de reg. jur.*
et Fr. 1, § *penult., de bonor. poss. cont. tabul.*). Or, dit-on,
aucune image de la mort dans la petite *capitis deminutio.* Cette
première opinion taxerait l'ancien droit d'inconséquence.

D'autres soutiennent que l'innovation résulte de la suppression totale que Justinien fit des mancipations autrefois employées
pour l'adoption et l'émancipation, et qui donnaient à celles-ci

une analogie avec la servitude. Cette opinion qui manquerait
d'ailleurs d'exactitude dans le cas d'adrogation, tombe devant une observation bien simple : au temps où Justinien décide que la petite *capitis deminutio* n'entraînera plus la perte
de l'usufruit, il n'avait pas encore supprimé l'usage de ces
mancipations. En effet, la constitution par laquelle il restreint aux grande et moyenne *deminutiones capitis* l'effet
de faire perdre l'usufruit (C. 16, C. *de usufr.*, § 2) est de
l'an 530 (calendes d'octobre); celles par lesquelles il supprime
l'usage des mancipations dans l'adoption et l'émancipation
est l'an de 530 (calendes de novembre) (C. 11, C. *de adopt.*)
pour l'adoption, et de l'an 531 (calendes de novembre) pour
l'émancipation (C. 6, *C. de emancipat*).

Sans chercher la raison de la décision donnée par Justinien
dans des considérations purement formalistes, il est facile de
la trouver dans le système général de cet empereur sur les
effets de l'*adoption* (*lato sensu*) et de l'*émancipation*, et dans
les développements qu'il a donnés au *pécule adventice*.

18. L'usufruit revivra-t-il si la *capitis deminutio* vient à
cesser ? Oui, dans le cas de captivité encourue par le hasard
de la guerre. Le prisonnier qui revient à Rome recouvrera
tous ses droits par l'effet du *postliminium*. Quant au déporté,
le rappel pur et simple ne lui rendait pas ses biens ; il fallait pour cela une *restitutio in integrum*, accordée par le
prince. Même dans ce dernier cas on pourrait douter que
l'usufruit qui lui appartenait revécût, au moins sous les
premiers empereurs, alors que la loi n'était pas encore :
omne quod lubet principi. L'empereur, en effet, pouvait bien,
par un décret, rendre au condamné ceux de ses biens qui
étaient devenus la propriété du fisc, mais non ceux qui avaient
passé à des tiers, par exemple, l'usufruit lui appartenant qui
avait dû faire retour à la propriété. (Arg. C. 7, C., *de Prccib.*
Imper., 4, *C. de Emancip. liber.*, 2. § 10, *C. ne quid in loco*
public.)

§ 3. — Aliénation du droit.

Cessio in jure.

19. La cession suppose un accord préalable entre les deux parties qui sont convenues d'éteindre le droit. Le cessionnaire, nu-propriétaire, intente l'action négatoire ; il vient dire devant le préteur à son adversaire apparent: « Je prétends que vous n'avez pas sur ma chose le droit d'usufruit. » Le défendeur ne résiste pas, il bat en retraite, *cedit*, et le préteur donne gain de cause au demandeur. On voit que la *cessio in jure* est quelque chose d'analogue à nos jugements d'expédient, et pourtant il n'est pas d'auteur qui n'ait jeté la pierre au formalisme romain à cause de la *cessio in jure*, tandis qu'il s'en est trouvé bien peu pour blâmer le système des jugements d'expédient.

20. *Capacité pour céder* IN JURE *un usufruit.* — Le tuteur ne peut autoriser l'aliénation d'un usufruit appartenant à son pupille (du moins d'un usufruit de fonds ruraux ou suburbains, d'après les termes du sénatusconsulte rendu sous Sévère) (Fr. 3, § 5, *de reb. cor. qui sub tutel.*). Les seules exceptions à cette prohibition sont: le cas où les parents, par testament, auraient ordonné cette aliénation, ou le cas où l'aliénation serait nécessaire pour payer les dettes, et encore faudrait-il obtenir l'autorisation du préteur urbain (v. les termes de l'*Oratio* de Sévère, Fr. 1, § 2, *de reb. cor.*). —L'*in jure cessio* étant interdite aux femmes sans l'*auctoritas* de leur tuteur, une femme ne pouvait aliéner seule l'usufruit qui lui appartenait (*Fr. Vat.*, § 45).—Le mari n'aurait pas non plus eu le droit d'aliéner l'usufruit d'un fonds constitué en dot.

21. — *En faveur de qui peut avoir lieu la* CESSIO IN JURE ? — En vertu des termes mêmes de la formule de l'action négatoire : « Je prétends que tu n'as pas tel droit sur *ma* chose, » la cession *in jure* ne peut être faite qu'au nu-propriétaire. La

cession faite à un étranger est donc inutile. C'est ce que Justinien exprime en ces termes : *Cedendo extraneo nihil agit.* Ces termes ont donné lieu à une vive controverse. Les uns ont prétendu qu'ils signifiaient que le cédant conserverait son droit, que la cession serait considérée comme non-avenue, et ne produirait aucun effet (Wesember, Giphanius, Castillo Sotomayor *de Usuf.*, Harprecht *ad Inst.*, Voët. *ad Pandectas*). Les autres ont prétendu que le passage des *Institutes* privait le cédant de son usufruit, lequel faisait retour à la nue-propriété (Azon, Cujas, Doneau t. III, Noodt, *de Usuf.*, Vinnius *ad Inst.*). La découverte des *Institutes* de Gaïus, dont le passage des *Institutes* de Justinien est textuellement extrait, permet de croire que la première opinion était celle des Sabiniens. Voici comment s'exprime Gaïus : *Extraneo vero cedendo nihilominus jus suum retinet: creditur enim ea cessione nihil agi.* Ce système était également celui de Paul (*Sentences*, liv. III). « L'usufruit, dit-il, se perd par cession s'il est cédé au nu-propriétaire. » Donc, *a contrario*, s'il était cédé à un autre, il ne se perdrait pas.

Reste à savoir si la deuxième opinion n'était pas également professée à Rome. Le Fr. 66, *de jure dot.*, tendrait à nous faire croire que Pomponius avait adopté l'avis contraire à celui de Gaïus. Voici comment s'exprime cette loi : « Diximus usumfructum a fructuario cedi non posse, nisi domino proprietatis, et si extraneo cedatur, nihil ad eum transire, sed ad dominum proprietatis reversurum. »

Plusieurs auteurs modernes ont soutenu ce système et le trouvent conforme aux principes généraux généraux du droit romain. (Entr'autres, M. Pellat, *de la Dot et de la Propriété*.) En effet, disent-ils, le cédant a voulu deux choses : 1° se dépouiller ; 2° faire passer son droit à un étranger. De ces deux opérations, une seule était réalisable : le dépouillement. Cette dévestiture doit produire son effet. Peu importe que le résultat soit contraire à l'intention des parties; l'effet des actes solennels est moins déterminé par la volonté des contractants que par le principe rigoureux de l'ancien droit civil. On leur conservera toute l'efficacité qu'ils peuvent avoir. A l'appui de cette théorie, on argumente de ce qui se passait dans plusieurs cas analogues, par exemple dans le cas de cession d'une hérédité, d'une tutelle, et dans celui de l'affranchissement d'un esclave commun par l'un de ses maîtres. Dans le cas de *cessio in jure* d'une hérédité, les droits réels passeront seuls à l'acheteur, les droits personnels, qualités d'une personne, ne peuvent passer à une autre; ils s'éteindront : les créances de la succession seront donc perdues. L'héritier n'avait pourtant pas l'intention de libérer les débiteurs; mais comme il a reconnu qu'il n'était plus créancier, ce résultat, le seul qui puisse être obtenu, se produira : la forme emportera le fond. De même quand le *tutor cessitius*, c'est-à-dire l'étranger auquel le tuteur légitime a cédé *in jure* la tutelle, la cède lui-même à un autre, le nouveau cessionnaire n'acquiert pas la tutelle; elle fait retour au tuteur légitime (Ulpien, Fr. XI, 7). Et, cependant, ce résultat n'était pas dans l'intention des parties. Il semble encore que la cession dans ce cas eût dû être complétement inutile. On peut aussi regarder comme résultat analogue ce qui se passait dans l'affranchissement par la vindicte (application de la *cessio in jure*) d'un esclave commun par l'un de ses maîtres. Celui-ci se prive de sa part de propriété, non au profit de l'esclave lui-même qui ne devient pas libre (au moins dans le droit anté-Justinien), mais au profit de l'autre maître auquel il ne songeait pas à procurer cet avantage.

A tous ces arguments on a répondu que Gaïus, qui en reconnaissait la valeur pour le cas de cession d'une hérédité, professait pourtant une opinion opposée pour le cas de cession d'un usufruit. S'il y avait eu controverse sur ce dernier point,

comment n'aurait-il pas songé à nous en avertir, ne fût-ce que par une de ces expressions dubitatives, *quæritur, sciendum est an...*, expressions dont il est ordinairement si prodigue dans tous les cas douteux.

Quant à l'argument tiré du Fr. 66, *de jure dotium*, on l'a réfuté de la manière suivante ; cette loi ne tranche nullement la question. Pomponius se demande, dans le cas où un usufruit a été donné en dot au mari qui en est devenu propriétaire, comment celui-ci le rendra à la femme. Voici l'objection qui l'arrête. On ne peut céder *in jure*, un usufruit qu'au nu-propriétaire ; or, la femme n'est pas nue-propriétaire. Comment donc le mari fera-t-il pour lui restituer l'usufruit ? Ce n'est qu'accidentellement que Pomponius développe ce principe, que l'on ne peut céder l'usufruit qu'au nu-propriétaire. Là n'est pas son sujet. Son sujet n'exige pas non plus qu'il nous apprenne que dans le cas de cession à un étranger, le cédant perdrait son droit. Pourquoi donc voudrions-nous lui faire tenir ce langage. Ne peut-on entendre autrement les expressions de cette loi, citées plus haut : *Nihil ad eum transire...*, etc.? Ne peut-on les entendre en ce sens que : si l'usufruit est cédé à un tiers, la cession est inutile, et que l'usufruit n'en reviendra pas moins plus tard au nu-propriétaire, à la mort de l'usufruitier ? Il faut remarquer, en effet, que Pomponius ne dit pas : *Nihil ad eum transire, sed ad proprietarium recerti*. Il emploie le futur *reversurum*, ce qui prouve bien que le retour au nu-propriétaire n'a pas lieu immédiatement, mais seulement dans l'avenir. Tout ce qu'il veut dire, c'est que la *cessio* n'empêchera pas l'effet ordinaire de l'extinction de l'usufruit de se produire, et qu'au jour de cette extinction, l'existence du cessionnaire n'empêchera pas le retour de l'usufruit à la nue-propriété.

22. L'*in jure cessio* étant nécessairement précédée d'un

arrangement entre les parties, pouvait être un mode d'aliénation à titre onéreux ou à titre gratuit.

23. Si l'usufruitier ne pouvait céder son droit *in jure* à un
étranger, au moins pouvait-il en vendre, en louer, en donner
l'exercice, le droit lui-même restant fixé sur sa tête.

A l'époque de Justinien, la *cessio in jure* est inusitée; on
ne conçoit donc pas comment Justinien a conservé ce passage des Instilutes de Gaïus : *Cedendo extraneo nihil agit.*
Il aurait dû se borner à dire que l'usufruitier peut bien faire
passer le profit du droit, mais non pas le droit lui-même, sur
la tête d'un tiers.

24. L'abdication frauduleuse d'un usufruit peut être annulée en faveur des créanciers (Fr. 3, § 1, *quæ in fraud. cre-
ditor.*). Ce fragment est plus général que l'art. 622 de notre
Code, en ce qu'il soumet à la censure des créanciers, non-
seulement la perte par renonciation, mais encore toute autre
perte résultant d'un fait volontaire du débiteur : c'est ce qui
ressort de ces expressions générales employées par le fragment : *Gesta fraudationis causa accipere debemus si........
usumfructum amittit.* Donc, si frauduleusement, le débiteur
perdait l'usufruit par le non-usage, ses créanciers pourraient
faire rescinder cette perte. C'est ce qui est positivement décidé par le Fr. 4, *quæ in fraud.* : « *in fraudem facere videri...
si non utatur servitutibus.* »

Abandon. — Renonciation.

25. Le mode le plus ordinaire de renonciation en faveur du
nu-propriétaire, c'est la *cessio in jure.* Mais supposons que
l'usufruitier renonce à son droit, sans recourir aux formes
solennelles de ce mode, ou bien qu'il abandonne simplement
la chose soumise à son usufruit. Quant à l'abandon, *derelic-
tio*, les Fr. 64 et 65, *de usuf.*, supposent qu'il suffit pour

faire perdre l'usufruit. Quant à la simple renonciation, beaucoup de textes relatifs aux servitudes, et qu'on peut étendre à l'usufruit, disent que la servitude est perdue par la *remissio* (Fr. 6 et Fr. 14, § 1, *de servit.*; Fr. 20, pr. *de servit. prædior. rustic.*). Seulement, l'abandon et la renonciation opèrent-ils l'extinction de la servitude d'après le droit civil, ou seulement d'après le droit prétorien? Selon nous, ce n'est que d'après le droit prétorien. En effet, le Fr. 4, § 12, *de doli mali except.*, que nous analyserons plus loin, après avoir prévu un cas de renonciation tacite, ajoute: « Si plus tard l'usufruitier qui a renoncé tacitement à son droit le revendique, il pourra être repoussé par l'exception de dol. » C'est donc que l'usufruit subsistait encore en droit pur. Autrement il n'y aurait pas eu besoin d'une exception; l'examen des modes d'extinction *ipso jure*, rentrant dans l'*officium judicis*.

26. La renonciation peut être expresse ou tacite. Un cas de renonciation tacite est prévu par le Fr. 4, § 12, *de doli mali except.* C'est celui où l'usufruitier aurait consenti à la vente de la chose soumise à son usufruit. Un semblable consentement, dit-on, donné par le créancier hypothécaire, n'impliquerait pas renonciation tacite à son droit (Fr. 8, § 15, *quib. mod. pign. vel hypoth.*). Cette assertion est inexacte. Le paragraphe 15 du fragm. 8 précité déclare bien que le créancier hypothécaire conserve son droit si la vente a eu lieu *sciente eo*; mais il ne dit pas qu'il le conserverait si la vente avait eu lieu avec son consentement; au contraire, la fin de ce paragraphe nous prouve que l'hypothèque, dans ce cas, serait perdue: « Sed si subscripserit forte in tabulis emptionis, consensisse videtur Quod et observari oportet, si sine scriptis consenserit. »

Aliénation de l'esclave.

27. Supposons qu'un esclave a acquis un usufruit, et soit

aliéné ensuite par son maître. L'usufruit est-il perdu? Non, si l'esclave l'avait acquis au moyen d'une stipulation; oui, si c'est au moyen d'un legs (au moins d'un legs *per vindicationem*). L'usufruit, dans ce dernier cas, est complétement éteint, la personnalité de l'esclave a subi une espèce de modification. L'usufruit est en quelque sorte éteint par l'anéantissement du sujet du droit (*Fragm. Vaticana*, § 57, voyez le n° 11).

Sous Justinien, l'usufruit acquis reste toujours au maître, lors même que celui-ci vient à aliéner l'esclave (Fr. 17, C. *de usufr.*).

28. Si le maître, au lieu d'aliéner la toute propriété de l'esclave, n'en aliénait que l'usufruit, il n'était douteux en aucun cas (même dans l'ancien droit) que l'usufruit acquis par cet esclave ne continuât de subsister (Fragm. 5, § 1, *quib. mod.*).

29. *Quid*, dans le cas d'aliénation partielle de l'esclave?

Dans un premier système, on faisait remarquer que si, d'après les principes, le maître ne peut conserver l'usufruit légué à son esclave qu'à la condition de garder dans son patrimoine cet esclave sur la tête duquel le droit s'est fondé, il suffit qu'il retienne une partie de cet esclave pour qu'on ne puisse dire qu'il n'en est plus propriétaire, et par conséquent pour qu'on doive lui conserver l'usufruit en entier. Cette première opinion était professée notamment par Salvius Julien.

Dans un second système, on disait que l'esclave, ayant été aliéné pour partie, n'avait pas été conservé dans sa personnalité primitive, et que conséquemment l'usufruit était perdu pour le tout, puisque l'existence de l'usufruit dépend de la conservation de l'esclave sur lequel le droit s'est fondé.

Un système mixte consistait à n'éteindre l'usufruit que

proportionnellement à la partie de l'esclave vendue. Justinien a adopté la première des trois opinions (L. 15, C. *de usufr.*)

Noxæ deditio.

30. Un esclave sur lequel existe un droit d'usufruit commet un délit. Le nu-propriétaire peut faire l'abandon noxal de cet esclave, pour se soustraire à la responsabilité pécuniaire du délit. Mais cet abandon noxal n'éteint pas en droit l'usufruit, pas plus que ne l'éteindrait l'usucapion de la nue-propriété, dit le Fragment 17, § 2, *de usufr.* L'usufruitier peut donc encore réclamer son usufruit. Mais il sera repoussé s'il n'offre pas au nouveau maître l'estimation du litige. Le Fragment 17, § 1, *de noxalib. act.*, nous apprend même qu'en pareil cas, pour éviter au nouveau maître des vexations et des poursuites ultérieures de l'usufruitier, on accordait au préteur le pouvoir de forcer celui-ci à faire immédiatement cession de son usufruit.

Cette intervention du préteur se conçoit dans une circonstance où, en définitive, l'indemnité n'eût pas été complète si la victime du délit n'avait obtenu pleine sécurité pour l'avenir, et où la propriété elle-même, droit bien plus favorable que l'usufruit, s'était trouvée compromise.

§ 4. — Non-usage.

31. La propriété se perd par l'usucapion, c'est-à-dire par l'inaction du propriétaire, jointe à la prise de possession par un tiers. Pour la perte de l'usufruit, droit incommode et moins favorable que la propriété, le premier de ces éléments suffira.

Que le propriétaire de l'usufruit soit resté pendant un

certain laps de temps sans exercer son droit, il le perdra, sans qu'il soit nécessaire que le nu-propriétaire ait possédé.

32. La perte par non-usage dérive-t-elle d'une renonciation présumée de l'usufruitier à son droit, comme le prétend Doneau? Mais alors il faudrait décider que le propriétaire même, par sa seule inaction, perd sa propriété, qui devient une chose *nullius* susceptible d'être possédée par le premier occupant. D'ailleurs, cette appréciation serait inconciliable avec le fragm. 20, *quib. mod.*, qui prononce la perte par non-usage dans un cas où le non-usage ne peut évidemment être regardé comme un abandon du droit, puisqu'on présume justement que l'usufruitier ne savait pas qu'il était usufruitier.

La perte par non-usage de l'usufruit a donc pour fondement l'utilité publique.

33. *Du non-usage en lui-même.* — Qu'entend-on par ne pas user de son droit? C'est ne pas l'exercer. L'exercice du droit peut être considéré comme sa possession. On possède *en quelque sorte* les choses incorporelles. Or, pour cette sorte de possession des choses incorporelles, pour cette quasi-possession, on peut concevoir qu'il faille les mêmes conditions que pour la possession proprement dite : 1° Ainsi, la détention physique aura son équivalent dans l'exercice matériel du droit ; 2° l'*animus domini* sera, dans l'espèce qui nous occupe, l'intention de posséder en qualité d'usufruitier. Si donc, ignorant que j'aie droit d'usufruit, je jouis de la chose comme simple usage, je ne conserverai que l'*usus*, je perdrai le *fructus*, parce qu'à l'égard de ce *fructus*, je n'ai pas l'*animus possidendi* (Fr. 20, *quib. mod.*). Du reste, si je n'avais fait qu'*uti*, sachant très bien que je suis usufruitier, cet usage serait considéré comme un exercice suffisant, comme une quasi-possession assez nette pour conserver l'*ususfructus* dans son intégralité. Je n'ai

fait qu'user, c'est vrai, mais l'*usus* en lui-même constitue une détention physique; je savais que j'étais usufruitier ; j'avais donc pour le tout l'*animus domini*.

Les principes de la possession de l'usufruit sont donc à peu près identiques à ceux de la possession de la propriété. Julien dit même formellement dans le fragm. 12, *de usuf.:* « Qua » ratione retinetur a proprietario possessio, pari ratione etiam » usufructus retinetur. » Donc, dans certains cas, bien que l'exercice physique du droit soit impossible, l'*animus possidendi* suffira pour empêcher la perte par non-usage, de même qu'il empêcherait la perte de la possession. Ainsi, un esclave enfant ou malade, dont les services sont nuls, est soumis à un droit d'usufruit ; l'usufruitier ne peut ni en user ni en jouir, et pourtant le fait de l'avoir sous sa main, à sa disposition, est suffisant pour lui conserver son droit. Les jurisconsultes romains allaient même plus loin ; ils avaient admis que la possession (et par conséquent la propriété) d'un esclave seraient conservées malgré sa fuite, parce que, di-salent-ils, l'esclave ne doit pas pouvoir se soustraire lui-même à son maître, chose qui serait trop facile à un être animé et doué de raison (Fr. 13, § 1" ; Fr. 4, § 13; Fr. 1, § 14, *de acquir. vel omitt. possess.*; Fr. 16, § 4 *de public.*). Ce principe, professé sans discussion pour la propriété, avait souffert quelques difficultés dans son application à l'usufruit. Pomponius dit que l'usufruit ne sera conservé qu'autant que l'esclave fugitif stipulera quelque chose pour l'usufruitier, ou recevra une tradition *ex re illius* (Fr. 12, *de usufr.*, § 5). Julien ne fait pas cette restriction. Lors même que le fugitif ne ferait aucune stipulation, l'usufruit n'en sera pas moins conservé, aussi bien que la nue-propriété, et pour la même raison (Fr. 12, même §). Ulpien, qui dans cette loi rapporte les deux avis, ne dit pas lequel avait prévalu. Il est probable que ce fut le dernier, qui se rapprochait davantage de la décision donnée pour la conservation de la possession par le proprié-taire.

31. L'usufruitier peut user, soit par lui-même, soit par des tiers, soit par un mandataire ou même par un simple gérant d'affaires (Fr. 12, § 2; et Fr. 36, *de usufr.*). En effet, le gérant d'affaires peut toujours rendre meilleure la condition du géré. La femme conservera, en usant, le droit d'usufruit de son mari; l'exercice du droit par le mari aura le même effet relativement à l'usufruit qui appartient à la femme (Fr. 22, *quib. mod. usufr.*).

33. De même, on use par l'acheteur ou le locataire, par le précariste ou le donataire (Fr. 12, § 2, *de usufr .*).

Un texte fait, entre la cession gratuite et la cession à titre onéreux de l'exercice du droit d'usufruit, cette différence que, dans le dernier cas, l'usufruitier est censé user par cela seul qu'il a tiré un prix de la cession, et qu'il conservera son droit lors même que le cessionnaire n'userait pas; tandis que dans le cas de cession gratuite, il faut des actes de possession de la part du cessionnaire, sinon le droit sera perdu (Fr. 10, *de usufr.*). Cette distinction ne paraît pas avoir été adoptée par tous les jurisconsultes. Ulpien, dans le Fr. 12, § 2, *de usufr.*, assimile complétement la vente et la donation de l'usufruit. Suivant lui, l'usufruitier qui donne l'exercice de son droit est censé user, aussi bien que celui qui le cède moyennant un prix : Dans un cas, comme dans l'autre, il y a un usage conti-nuel qui empêche l'extinction du droit dans l'avenir par non-usage : « Qui locat utitur, dit Ulpien, et qui vendit utitur : » sed et si alii precario concedat, vel donet, puto eum uti : » atque ideo retineri usumfructum. »

Du reste, les deux systèmes ne nous semblent pas à l'abri de la critique. La cession de l'exercice du droit, soit à titre onéreux, soit à titre gratuit, est bien, de la part de l'usu-fruitier, une espèce de jouissance personnelle; mais cette jouissance est instantanée: elle cesse aussitôt que l'aliénation est réalisée. Donc, si l'usufruitier ne fait pas par la suite d'autres actes de possession, et si son cessionnaire n'en fait pas pour lui, pourquoi l'usufruit ne se perdrait-il pas par le non-usage ?

36. Quoi qu'il en soit, le principe que l'usufruitier qui cède l'exercice de son droit, est censé faire un usage qui se continue et empêche la perte postérieure par non-usage, n'est qu'une fiction qui doit céder devant la réalité. Par conséquent, s'il y a exercice du droit opéré au nom d'un tiers qui a qualité pour posséder, comme l'esprit se refuse à concevoir sur la totalité d'une même chose, deux jouissances simultanées et exclusives l'une de l'autre, au profit de deux personnes différentes, l'usufruitier, dans l'hypothèse, ne pourra être censé user, et, conséquemment perdra son droit par non-usage. Ce tempérament ressort d'une manière évidente du Fr. 29, *quib. mod.* Voici l'espèce posée dans ce fragment : L'usufruitier a loué ou vendu son droit d'usufruit au nu-propriétaire. Celui-ci vend le fonds à un tiers, *non deducto usufructu.* L'usufruitier, dit le texte, perdra son droit d'usufruit par non-usage, tandis qu'il le conserverait, si la location première avait été faite à un étranger qui vendrait le droit. Et, en effet, dans le premier cas, il y a une jouissance exercée au nom d'un autre que l'usufruitier. Le propriétaire d'une chose, même grevée d'un droit d'usufruit, a la possession de la chose; l'usufruitier n'est, à l'égard de cette possession, que son ayant cause. Le nu-propriétaire peut donc transférer même la jouissance à un tiers. Or, c'est ce qu'il a fait, en vendant le fonds, *non detracto usufructu.* L'acquéreur jouit évidemment non pas au nom de l'usufruitier, mais bien *suo nomine*, et sa jouissance est fondée sur un titre, la transmission accomplie par le véritable possesseur civil. Il en serait de même dans le cas où le propriétaire qui aurait pris l'usufruit à bail, ne ferait que sous-louer *suo nomine*, cet usufruit à un tiers, au lieu de vendre le fonds. Le locataire jouirait en effet, non pas au nom de

l'usufruitier avec lequel il n'a eu aucun rapport, mais au nom du propriétaire qui a qualité pour posséder, aux yeux de l'*ipsum jus*. Cette possession effective, exercée au nom d'autrui, doit évidemment primer la possession fictive qu'on avait admise au profit de l'usufruitier, premier locateur. (Du reste, l'usufruitier, si son droit venait à s'éteindre par non-usage, aurait recours *ex locato* contre le nu-propriétaire). Au contraire, si ce n'était pas au nu-propriétaire que l'usufruitier eût loué son droit, mais à un tiers, ce tiers aurait beau sous-louer, même *suo nomine*, comme le locataire ne peut intervertir sa possession, celle qu'aurait exercée son ayant-cause profiterait en définive à l'usufruitier. Il n'y aurait pas de jouissance contraire à celle de l'usufruitier; donc, la fiction d'après laquelle celui-ci est censé user, quand il loue, pourrait recevoir son application.

Le fragment 29 ne prévoit pas le cas où l'usufruitier aurait vendu son droit d'usufruit à un tiers qui le vendrait à son tour *suo nomine*. Mais il faut décider que l'usufruitier conserverait son droit, parce qu'il n'y aurait pas possession exercée, *alieno nomine*. Et, en effet, si le premier acheteur de l'usufruit possède, ce n'est qu'au nom de l'usufruitier : il n'a aucun titre pour jouir *suo nomine*. De son côté, le sous-acquéreur ne peut prétendre à une jouissance personnelle ; donc la possession qu'il exerce ne pourra, en dernière analyse, profiter qu'à l'usufruitier.

La décision devrait-elle être la même si l'acheteur de l'usufruit avait fait à un tiers la vente, non pas de l'usufruit seul, mais de la toute propriété? Dans ce cas, l'acquéreur de bonne foi pourrait prétendre qu'il a joui en son propre nom, et que, par conséquent, il doit avoir acquis la toute propriété au bout du temps fixé pour l'usucapion. Mais l'usufruitier lui objectera que l'usucapion de l'usufruit est défendue, que l'usucapion de la propriété a lieu *cum sua causa*, en laissant subsister les servitudes dont la chose peut être l'objet, et que, par conséquent, l'usufruit doit survivre. L'acquéreur pourrait-il répondre qu'il n'invoque pas l'usucapion active de l'usufruit, laquelle est impossible, mais bien la perte de l'usufruit par non usage? pourrait-il dire : « Vous ne pouvez être censé avoir joui, puisque j'exerçais une possession effective qui excluait la vôtre, d'après le principe du fragment 29? » Nous n'oserions décider la question en faveur de l'acquéreur, car le Fragment 20, *quib. mod.*, ne parle que de la possession transmise par le *proprietarius* seul.

37. Maintenant nous pouvons rechercher pourquoi, dans tous ces cas, les jurisconsultes romains se demandaient si le premier usufruit était perdu. Puisque l'usufruitier a touché le prix de sa cession, que lui importe que son usufruit soit perdu ou qu'il subsiste? Il est vrai que lui-même, personnellement, n'avait pas grand intérêt à soutenir le maintien de son droit, sauf dans le cas où il aurait consenti la vente à un insolvable. Mais même en écartant cette hypothèse, la continuation de l'usufruit pouvait importer aux créanciers auxquels l'usufruitier aurait hypothéqué, donné en gage son droit.

38. *Exceptions à la perte par non-usage.* — La perte par non-usage aurait-elle lieu, si le non-usage provenait d'un cas de force majeure? L'affirmative ne serait pas douteuse, s'il s'agissait de servitudes réelles, car, pour celles-ci, il y avait eu un rescrit impérial dont les termes sont rapportés par Paul, Fr. 35, *de servit. præd. rustic.* Mais cette décision, donnée pour des servitudes très utiles à l'agriculture, devait-elle être étendue à un droit vu peu favorablement par les Romains? Cette observation nous fait pencher pour la négative. Dans certains cas, il est vrai, les textes semblent résoudre la question affirmativement; mais ces cas sont tout à fait exceptionnels, et se justifient par des considérations particulières, inapplicables à toute autre hypothèse. Par exemple, si l'usufruit était retenu *animo tantum*, sur les esclaves en fuite, c'est qu'il eût été trop facile à un être animé et in-

telligent de se soustraire à la personne qui le détient. D'ailleurs, ce point était contesté, ainsi que nous l'avons vu.
De même, si en cas d'occupation d'un fonds par l'ennemi,
l'usufruit que cette occupation avait paralysé revit aussitôt
qu'elle cesse *jure quodammodo postliminii* (Fr. 26, *quib.
mod.*), c'est qu'il eût été bien dur, lorsqu'un citoyen a déjà
éprouvé des pertes directes par la présence de l'ennemi, de le
frapper encore indirectement, en le privant d'un droit. Enfin,
si le maître qui a dépossédé violemment l'usufruitier et l'a
empêché de jouir pendant le temps suffisant pour amener la
perte de l'usufruit, est forcé de se constituer ce droit, ce n'est
que d'après ce principe, que celui qui a causé un dommage
en doit la réparation.

Nous avons vu *per quas personas* l'usufruitier était censé
user. Le pupille pouvait user par son tuteur, la femme par
son mari. C'était même pour ces derniers une obligation
d'exercer le droit. Le mari ne pouvait perdre *non utendo*,
l'usufruit dotal appartenant à sa femme, sur l'immeuble d'autrui (arg. Fr. 5 et 6, *de fund. dotal.*). L'usufruit paraphernal
sera perdu, sauf recours de la femme contre son mari par
l'*actio dotis*. S'il s'agit d'un usufruit appartenant à la femme
sur un meuble de son mari, et que la femme laisse passer le
délai du non-usage, sans faire aucun acte de jouissance, l'usufruit est perdu; mais la loi voit dans ce non-usage, une fraude
à la prohibition des donations entre mari et femme; la femme
donc pourra réclamer son droit par condiction à la dissolution du mariage (Fr. 5, § 6, *de donat. int. virum*). Réciproquement le mari ne pourrait perdre l'usufruit que sa
femme lui a constitué en dot sur son fonds. Si le tuteur a
négligé d'user de l'usufruit appartenant à son pupille, cet
usufruit sera perdu d'après le droit pur, sauf le recours du
pupille contre le tuteur; mais outre cette ressource, on éten-
drait à ce cas le sénatusconsulte rendu sous Sévère, et qui
défendait l'aliénation des biens du pupille, sans l'interven-

tion du préteur. Le nu-propriétaire sera donc obligé de reconstituer le droit (Fr. 3, § 5, *de rebus eor.*). Dans tous les cas précédents, la perte par non-usage est considérée comme l'équivalent d'une aliénation volontaire.

39. *Du délai de non-usage.* — Le délai de la perte par non-usage était anciennement le même que celui de l'usucapion : un an pour les meubles, deux ans pour les immeubles.

40. *Innovations de Justinien.* — Suivant les Institutes, l'usufruit se perd *non utendo per modum et tempus*, et les Institutes renvoient pour l'explication de ces expressions, à une constitution qui est la loi 16 au Code, *de usufr.* Cette constitution a donné lieu à de sérieuses difficultés. Le § 1 s'exprime ainsi : « Sancimus.... nec ipsum usumfructum non utendo cadere.... nisi talis exceptio usufructuario opponatur, quæ, etiam si dominium vindicaret, posset eum præsentem vel absentem excludere. »

41. — 1° *Délai.* Une chose sur laquelle tout le monde est d'accord , c'est la prolongation du délai nécessaire pour la perte de l'usufruit par non-usage. Justinien assimile la perte de l'usufruit par non-usage, à celle de la propriété par l'usucapion, et cette assimilation porte tout au moins sur délai. (C. 16, C., *de servitut.* Ainsi, désormais, il faudra pour perdre l'usufruit, défaut d'usage pendant dix ans entre présents, et vingt entre absents.

Mais, même au point de vue du délai, une première controverse s'est élevée. Justinien, dans la constitution 16, C. *de usufr.* et la constitution 13, *de servit.*, paraît ne s'occuper que de l'usufruit immobilier. Que décider pour l'usufruit mobilier ? Deux opinions sont en présence.

Première opinion (Doneau et Vinnius) : Justinien, dans la loi 16, C. *de usufr.*, a voulu évidemment assimiler la perte par non-usage à l'usucapion : donc, on devra, pour la première, faire les mêmes distinctions que pour la seconde, et, par conséquent, établir une différence entre l'usufruit des immeubles et celui des meubles. Le premier se perdra par dix ou vingt ans; le second par trois ans, comme se perdrait la propriété mobilière. Il n'y a aucun argument contraire à tirer des expressions de la constitution 16, C. *de usufr.*, car Justinien, dans cette constitution ne dit pas que l'usufruit se perdra par dix ou vingt ans; il ne s'appesantit pas sur la question de délai. Il se borne à assimiler la perte de l'usufruit à celle de la propriété. Et, en effet, pourquoi l'usufruitier conserverait-il son droit sur un meuble malgré un non-usage de neuf ans, par exemple, tandis que la propriété, droit infiniment plus respectable, se perdrait par une usucapion de trois ans?

Deuxième opinion (Bachovius, Manzius, Lauterbach): L'opinion de Doneau et de Vinnius est sans doute rationnelle, mais on sait que toutes les modifications de Justinien n'ont pas eu la raison pour base. Dans l'espèce présente, il faut s'en rapporter aux textes, c'est-à-dire à la C. 16, C. *de usufr.* expliquée par la C. 13, C. *de servit.* — Dans la C. 16, *de usufr.*, Justinien assimile la perte de l'usufruit à celle de la propriété, soit entre présents, soit entre absents. Or, cette distinction entre présents et entre absents n'est faite que pour l'usucapion de dix ou vingt ans, et non pas celle de trois ans. Donc, dans l'intention de Justinien, il n'y aura pour l'usufruit que le délai de dix ou vingt ans, et non pas celui de trois ans. La constitution 13, C. *de servit.*, postérieure d'un an à la constitution 16, C. *de usufr.* faisant allusion aux changements apportés dans le délai de la perte par non-usage, commence par rappeler qu'autrefois l'usufruit se perdait par deux ans pour les immeubles et par un an pour les meubles. Puis Justinien ajoute: « Aujourd'hui, ces délais ne sont plus applicables: l'usufruit ne se perdra plus que par dix ou vingt ans. » On ne peut pas dire que Justinien n'a pas eu en vue même l'usufruit mobilier, puisqu'il venait d'exposer la distinction que le droit ancien faisait au point de vue du délai entre les meubles et les immeubles, et qu'il annonce désormais un délai uniforme « Sicut usumfructum qui non utendo per biennium, in soli rebus, per annale in mobilibus diminuebatur, non passi sumus hujus modi sustinere interitum compendiosum, sed ei spatium decennii vel viginti annorum dedimus. » — Les partisans de cette deuxième opinion tirent encore argument des expressions finales de cette const. 13 par lesquelles Justinien annonce à l'avenir une similitude parfaite entre toutes les servitudes soit réelles, soit personnelles, sans distinguer si celles-ci portent sur des meubles ou sur des immeubles : « Et sit in omnibus rebus hujus modi causa similis explosis differentiis. »

Nous croyons, quant à nous, que les partisans de la seconde opinion ont complétement dénaturé la pensée de Justinien.

12. 2° *Mode de l'usage.* — Les mots des Instituts : « Non utendo per modum et tempus, » ont donné lieu à une controverse très-vive.

Quatre opinions sur leur interprétation.

11. *Première opinion* (opinion générale). Les uns traduisent ainsi : « La perte pour n'avoir pas usé selon le mode fixé par la convention et pendant le temps de l'usucapion. » Il y avait donc deux manières de perdre l'usufruit par non-usage : 1° par le défaut absolu d'usage (lorsque l'usufruitier n'a fait absolument aucun acte de jouissance); 2° par le défaut d'usage que j'appellerai purement *circonstantiel :* (lorsque l'usufruitier n'a pas été sans user, mais a usé autrement qu'il n'était réglé par le titre.) La paraphrase de Théophile favorise cette interprétation : Ου χρησις τω τροπω ρητω και ωρισμενω χρονω, dit le professeur de Béryte... A l'appui de cette thèse, on invoque encore les règles relatives au non-usage des servitudes. Les Fr. 2, *de aq. cottid.;* 10 et 11, § 1, *quem. servit. amitt.,* décident que si le propriétaire du fonds dominant n'use pas de la servitude suivant la manière réglée par le titre, il perdra sa servitude. Il y a plus, le Fr. 12. § 1, *quib. mod. usufr.,* dispose que si l'usufruitier donne à l'esclave légué une destination autre que celle qui résultait de l'intention probable du testateur, il perdra son usufruit. Il y a pourtant usage dans ce cas : pourquoi donc

l'usufruit est-il éteint? N'est-ce pas parce qu'il y a non-usage *per modum?*

44. *Deuxième opinion* (Bachovius). — Les mots : *per modum et tempus*, sont un endiadyme; ils sont employés pour *per modum temporis*, et signifient simplement : pendant la mesure de temps exigé. On trouve souvent des exemples de cette figure dans les auteurs latins : par exemple, dans Virgile, liv. II, *Georg.*, vers 192.

Pateris libamus et auro,

au lieu de : *Pateris auri.*

De même, dans Aulu-Gelle, liv. IX, *Nuits attiques*, ch. 18 : « Si quis super manifesto furto, jure et ordine experire velit (*iure et ordine* au lieu de *ordine juris* ou *jure ordinaria*), »

De même encore, dans Cicéron, liv. I, à Lentulus, épître 7 : « Cum aliquantum ex provincia et ex imperio, laudis accesserit (*ex provincia et imperio,* au lieu de *ex imperio provinciæ*). »

Le mode d'extinction *non utendo per modum* n'est pas mentionné dans le droit anté-Justinien : ce serait donc une innovation de l'Empereur; mais rien dans les termes des Instilutes n'indique une modification au droit antérieur. D'ailleurs, les mots *per modum et tempus* ne sont employés par Justinien qu'avec renvoi à la constitution 16, C., *de usufr.* : *Quæ omnia nostra statuit constitutio* (§ 3, Inst., *de usufr.*), Donc, les Institutes ne sont que l'extrait de la constitution 16. Or, cette constitution ne parle que d'un changement dans le délai, et nullement dans les règles sur la manière d'user. Le non-usage *per modum* n'y est nullement mentionné. Donc, d'après les termes de celle loi, qui doivent servir de règle pour l'interprétation du § 3 des Institutes, Justinien n'a nullement fait allusion à la possibilité de perdre le droit en usant d'une manière autre que celle réglée par le titre. La perte par non-usage *per modum* a bien lieu pour les servitudes; mais il faudrait un texte précis pour l'étendre à l'usufruit. Le texte existe-t-il? On invoque bien le Fr. 12, § 1, *quib. mod.* Mais ce texte ne s'occupe pas de *la perte d'un usufruit déjà né, par suite d'une infraction que commettrait l'usufruitier à la loi de son titre :* il est relatif à *la révocation du legs d'usufruit par changement de la volonté du testateur.* Voici comment s'exprime ce fragment : « S'il a légué l'usufruit d'un comédien et que *(avant de mourir),* il change la destination de cet esclave, le legs est éteint. » Où voit-on là-dedans un cas d'usage non conforme au titre? On a donné pour sujet à la phrase « *si ad aliud ministerium transtulerit,* » l'usufruitier. Mais il n'est pas du tout question de l'usufruitier dans ce fragment. La construction de la phrase ne permet pas d'assigner au verbe *transtulerit* d'autre sujet que le testateur lui-même. Enfin, ce qui prouve que le non-usage *per modum* comme l'entendent les partisans de la première opinion, n'est pas une cause d'extinction de l'usufruit, c'est le fragm. 20, *quib. mod.* Ce fragment dispose *in fine* qu'un usufruitier qui, connaissant l'étendue de son droit, n'a fait qu'user sans jouir, conserve son droit; et cependant, il y avait un titre qui établissait l'*usufruit,* et qui, par conséquent, imposait la nécessité de jouir comme *usufruitier;* pourtant le titulaire n'a usé que comme *usager,* et son droit n'est pas perdu.

45. 3ᵉ *Opinion* (Baudoin, Favre, Manzius, Tiraqueau) (1). Les mots *non utendo per modum* signifient : « quand on n'use pas avec modération, d'une manière convenable. » Ces mots font allusion à la possibilité, pour l'usufruitier, de perdre son droit par l'abus de jouissance. En effet, l'usufruitier doit jouir en bon père de famille. Quelle sera la sanction de cette obligation? La perte du droit. Le Fragment 9, § *ult., de damno infecto,* qui fait perdre l'usufruit à celui qui refuse de réparer l'immeuble menaçant ruine, n'est qu'une application de cette règle. La loi 3, *de locat., C.,* l'authentique *qui rem, C. de sacrosanct. eccles.,* et la novelle 120, ch. 8, décident que le locataire et l'emphytéote

---

(1) Dumoulin admettait également que l'abus de jouissance est une cause de perte de l'usufruit, bien qu'il donnât, comme nous le verrons (nᵒ 46), une autre interprétation des mots *non utendo per modum.*

pourront être expulsés pour abus de jouissance. Pourquoi en serait-il autrement de l'usufruitier?

Cette opinion est inadmissible. L'abus de jouissance n'est pas, en droit romain, une cause d'extinction du droit. Quelle sera alors la sanction de l'inaccomplissement des obligations de l'usufruitier? nous objectent nos adversaires. La réponse est très-simple. L'usufruitier a donné caution de jouir en bon père de famille : *stipulatio committetur*. Le nu-propriétaire pourra agir immédiatement pour forcer l'usufruitier à l'indemniser. Là est la seule sanction possible. Voyez le fragment 7, § 3; le fragment 9 *pr.*; le fragment 70, *de usufr.* ! L'usufruitier doit user en bon père de famille. Que fera-t-on s'il ne répare pas? demande le premier de ces fragments. Il pourra y être forcé *per arbitrum*. *Quid,* s'il ne cultive pas bien? *Cogi eum recte colere* (Fr. 9). *Quid,* s'il ne remplace pas le bétail mort par le croît? *Quid ergo si non faciat, nec suppleat? Teneri eum proprietario* (Fr. 70). Dans toutes ces hypothèses où les jurisconsultes se demandent quelle sera la peine infligée à l'usufruitier négligent, au lieu de répondre que l'usufruitier sera tenu envers le nu-propriétaire, il eût été tout simple de dire qu'il perdrait son droit, si l'abus de jouissance eût été une cause d'extinction. Ce qui prouve surtout que l'abus de jouissance n'est pas un mode d'extinction, c'est le fragment 1, § 5, *usufr. quem. caveat.* Le § 5, prévoyant un cas où l'usufruitier n'a pas joui en bon père de famille, et où, par conséquent, d'après la troisième interprétation, le droit aurait dû être immédiatement perdu, s'exprime ainsi : « Committetur stipulatio *statim, nec expectabi- mus ut amittatur ususfructu...* » « Nous n'attendrons pas que l'usufruit soit perdu. » Donc, l'usufruit n'est pas éteint actuellement, et pourtant il y a eu abus de jouissance.

L'analogie qu'on prétendrait établir entre l'usufruitier, l'emphytéote et le locataire, n'est pas exacte : 1° le locataire et l'emphytéote ne fournissent pas de satisdation. Donc, si un locataire insolvable mésuse, le droit du propriétaire ne peut être sauvegardé que par l'expulsion de ce locataire. Au contraire, dans le cas d'abus de la part d'un usufruitier, le propriétaire, outre la responsabilité de l'usufruitier, est garanti par celle de la caution qui doit être solvable; 2° le locataire et l'emphytéote, s'ils sont expulsés, ne paient plus de loyer. Il n'y a donc aucune injustice à les priver de la jouissance, puisque cette jouissance ils ne la paient pas. Au contraire, l'usufruitier qui aurait acheté son droit ne pourrait pas réclamer le prix d'achat. Il paierait donc une jouissance qu'il n'aurait pas.

Enfin, l'argument qu'on tire du fragm. 9, § *ult.*, *de damn. infecto*, tombe devant une lecture attentive. Ce fragm. 9 ne dit pas que l'usufruitier qui refuse de réparer perd son droit, il dit simplement qu'il est privé de la jouissance. Ce n'est qu'une privation temporaire de jouissance, devant durer jusqu'à ce que l'usufruitier veuille bien réparer, et par conséquent destinée à stimuler son activité, mais qui cessera aussitôt que l'usufruitier aura fait les réparations convenables. C'est ainsi qu'à celui qui ne veut pas rapporter, on refuse les actions héréditaires jusqu'à ce qu'il se soit exécuté (Fr. 1, § 13, et Fr. 10, *de collat.*). C'est ainsi encore qu'à l'usufruitier, qui refuse de donner caution, on enlève temporairement la jouisance jusqu'à ce qu'il ait satisfait à son obligation de *satisdare* (Fr. 13, *de usufr.*, *princ.*).

16. 4° *Opinion* (Dumoulin). — Les mots *per módum* se rapporteraient à un changement radical opéré par Justinien; ils voudraient dire : d'après les conditions réglées par la constit. 16, *C.*, *de usufr.* Or, quelles sont ces conditions? La constit. 16 assimile le non-usage à l'usucapion. Donc, il faudrait pour la perte de l'usufruit par non-usage, les mêmes conditions que pour la perte de la propriété par usucapion, c'est-à-dire il faudrait non-seulement inaction de la part de l'usufruitier, mais encore possession de la part du nu-pro-

priétaire ; en un mot, il n'y aurait plus de perte par le non-usage, il n'y aurait plus qu'une usucapion acquisitive au profit du nu-propriétaire. Les termes de la constit. 16, il faut en convenir, se prêtent à cette interprétation. D'abord, Justinien semble bien dire qu'à l'avenir il n'y aura plus perte de l'usufruit par non-usage, mais seulement qu'il pourra y avoir perte en vertu de l'usucapion, quand de la part du nu-propriétaire il y aura eu possession : « Sancimus *nec ipsum* « *usumfructum non utendo cadere*......, nisi talis exceptio « *usufructuario opponatur* quæ, etiamsi dominium vindicaret, « *posset eum præsentem vel absentem excludere.* » Quelle serait la raison de cette innovation? « C'est qu'il y a trop de circonstances où l'usage est impossible, et qu'il est bien assez *rigoureux déjà qu'on perde un droit, lorsqu'il y a un tiers possesseur :* « Cum multæ et innumerabiles causæ rebus inci- « dant mortalium, per quas homines jugiter retinere quod « habent non possunt : *et est satis durum, per hujus modi* « *difficultates, amittere quod semel possessum est.* »

Entendus dans ce sens qu'on leur pourrait prêter, les mots : *satis est durum amittere quod semel possessum est*, donneraient pleinement gain de cause aux partisans de la quatrième opinion, puisqu'ils exigeraient, pour la perte de l'usufruit, la condition de possession par un tiers. Mais on peut les expliquer dans un autre sens; on peut prendre les mots : *satis durum est* pour *maxime durum esset :* « il serait bien dur » (l'indicatif est souvent pris pour le subjonctif dans les phrases de ce genre). Alors la traduction sera celle-ci : « Il serait bien dur de faire perdre à quelqu'un le droit en possession duquel il s'est une fois trouvé.» Les mots *quod semel possessum est* feront allusion à l'usufruit déjà établi, par assimilation à la créance d'usufruit dont Justinien parlait au commencement du paragraphe premier : « Non solum actionem de usufructu, « sed usufructum sancimus non cadere........, nisi exceptio « talis, etc. » Ainsi, dans la const. 16, Justinien n'entend assimiler le non-usage et l'usucapion qu'au point de vue du délai, mais non sous les autres rapports. En effet, pourquoi Justinien a-t-il fait le § 1, const. 16? Le *principium* va nous l'apprendre : c'est qu'il y avait controverse sur le *délai* de la perte par non-usage de l'action personnelle *de usufructu*. Justinien veut décider ce point : « Sed nos hic decidentes, « sancimus. » Donc, sa décision ne portera que sur le *délai*. D'ailleurs, une constitution postérieure (C. 13, *C., de servit.*), étendant aux servitudes l'innovation de la constit. 16, *de usufr.*, explique en quoi consiste cette innovation : « Sicut usumfructum..., etc., *sed ei decennii vel viginti annorum dedimus spatium.* »

Ainsi Justinien n'a pas entendu changer les règles anciennes du non-usage; il n'a innové que quant au délai. Par conséquent, il suffira que, pendant dix ou vingt ans, l'usufruitier soit resté dans l'inaction : il ne sera pas nécessaire que le nu-propriétaire ait possédé. Même décision pour les servitudes ordinaires, à l'exception des servitudes urbaines, dont le propriétaire du fonds servant ne peut se débarrasser qu'en faisant un acte contraire à leur exercice, qu'en accomplissant une véritable usucapion acquisitive, *usucapio libertatis.*

47. Des quatre systèmes que nous avons exposés, le troisième ne nous paraît pas soutenable; le quatrième est plus qu'hypothétique. Quant au second, nous le trouvons ingénieux, mais il est en opposition directe avec la paraphrase de Théophile et avec certains textes du Digeste relatifs aux servitudes, que nous croyons applicables *a fortiori* à l'usufruit. Nous serions donc, en définitive, disposé à adopter le premier système d'après lequel non-seulement l'usufruitier qui ne fait aucun usage, mais même celui qui use autrement que le titre ne le lui impose, perd son droit *non utendo*. Seulement, nous n'admettons pas certains arguments présentés par les partisans de cette première opinion, par exemple, celui tiré du

Fr. 12, § 1, *quib. mod.*, fragment qui prévoit, non pas un cas de perte *non utendo per modum*, mais bien un cas de perte immédiate par l'extinction de la substance. Nous croyons surtout qu'on ne doit pas exagérer la portée de ce système, et qu'il faut bien déterminer ce que sera la perte *non utendo per modum*. Pas plus pour l'usufruit que pour les servitudes, nous ne pensons que le propriétaire du droit soit obligé, sous peine de déchéance, de faire tout ce que règle le titre. Pourvu qu'il exerce une fraction quelconque de l'usage imposé par la constitution, on ne peut pas dire qu'il y ait non-usage, et par conséquent la servitude sera conservée tout entière. Tel serait le cas où le titre constitue un véritable usufruit, et où l'usufruitier ne jouit, sciemment, que dans les limites d'un droit d'usage. Tel serait encore, dans l'hypothèse de servitudes prédiales, le cas où celui qui a le droit de puiser vingt mesures d'eau n'en prendrait que dix, ou bien où celui qui a le droit d'user d'une voie de 20 pieds de largeur se contenterait d'un passage de 10 pieds. (Fr. 20, *quib. mod.*, — 17, *Aquæ pluv. arcend.*, — 11, *quem. servit.*) Au contraire, si l'usage exercé était autre que celui réglé par le titre, il y aurait bien une possession si l'on veut, seulement elle se référerait non pas à la servitude constituée, mais à une servitude différente. Quant à la première servitude, il y aurait véritablement un non-usage qui en entraînerait la perte, et quant à la servitude exercée, elle ne serait pas acquise, puisque l'usucapion des servitudes n'est pas admise. Telle serait l'hypothèse où le propriétaire du fonds dominant et l'usufruitier auraient le droit de jouir la nuit, et n'useraient que le jour. (Fr. 10, § 1, — 11, *pr.* — 17 et 18, *quemadm. servit.* — 9, § 1, *si servit. vindicet.*) — Cette distinction, selon nous, pourra servir à concilier les textes contradictoires en apparence que nous présentent les textes du Digeste relatifs à l'extinction des servitudes par le non-usage *per modum*.

§ 5. Consolidation.

48. Ce mode est désigné tantôt sous le nom de *consolidatio* (Instit. de Justinien, et Fr. 3 *de usufr. accresc.*), tantôt sous celui de *confusio* (Venuleius, et Paul, Fr. 4, *usufr. quem. caveat;* 27, *quib. mod.;* 1, *quem. servit.*).

Le mot de *consolidatio* vient de ce que, par la réunion de l'usufruit, la propriété « Quæ non solida et integra erat, fit *solida*, id est integra. » Les textes, en effet, appellent *solida* la propriété de laquelle n'est pas séparé l'usufruit (Fr. 66, § *penult.*, et 76, *de legat.* 11; 33 *de bon. libert.;* 17 et 27, *quib. mod.;* 26, § *penult.*, *de usufr. leg.*).

La consolidation n'est que l'application de la règle que les droits sont paralysés par la confusion : les qualités de propriétaire et d'usufruitier étant réunies sur la même tête, le droit d'usufruit ne peut plus s'exercer.

49. *Cas où il y a consolidation.* — La consolidation, dans le langage des jurisconsultes romains, c'est spécialement l'acquisition de la nue-propriété par l'usufruitier, bien que ce terme puisse s'appliquer, dans sa généralité, à toute réunion des deux droits, et, par conséquent, même à l'acquisition de l'usufruit par le nu-propriétaire.

La consolidation peut avoir lieu, soit du plein gré du propriétaire, par exemple lorsqu'il vend, cède, lègue, donne en dot à l'usufruitier la nue-propriété, ou lorsqu'il fait de cet usufruitier son héritier, ou bien par suite d'abandon noxal (Fr. 27, *quib. mod.*); soit contre la volonté du propriétaire actuel, par exemple si l'usufruit ayant été légué purement à quelqu'un, on lui a légué également la nue-propriété sous condition, et qu'ensuite la condition vienne à s'accomplir.

50. Il ne faudrait pas croire que l'institution d'héritier faite au profit de l'usufruitier, amène toujours nécessairement la confusion, et par conséquent l'extinction du droit *ipso jure.*

Le contraire pourrait arriver, dans le cas où le nu-propriétaire, qui institue l'usufruitier, aurait légué la chose à un tiers *per vindicationem* purement et simplement. Il y aurait confusion si le legs avait été fait *per damnationem*, ou même *per vindicationem* sous condition, parce qu'alors la propriété a reposé un instant sur la tête de l'usufruitier, et qu'en droit cela suffit pour que la confusion se soit opérée. Mais il n'y aurait pas confusion dans le cas du legs *per vindicationem* pur et simple, lequel transfère immédiatement la nue-propriété de l'objet au tiers, au moins d'après les Sabiniens (Gaïus, § 200, com. ii), et qui empêche par conséquent la qualité de nu-propriétaire d'avoir jamais résidé sur la tête de l'usufruitier, héritier. Dans ce cas, comme il n'y a pas eu confusion, l'usufruit subsiste encore. Seulement, comme le testateur a légué *la chose*, ce qui contient à la fois la nue-propriété qui lui appartient et l'usufruit qui appartient à son héritier, à quoi pourra prétendre en définitive le légataire *per vindicationem?* Des solutions différentes ont pu être données aux diverses époques du droit : Avant Néron, l'objet du legs eût toujours été transmis, déduction faite de l'usufruit. Dans la revendication même de cet objet, le légataire n'eût toujours été censé le réclamer que *cum sua causa,* c'est-à-dire grevé du droit d'usufruit (il n'eût pas encouru déchéance pour plus pétition ; (car la revendication d'une chose n'implique pas la négation des servitudes quelconques qui affectent cette chose) Après le sénatusconsulte Néronien, on peut dire que le legs du fonds vaut, dans sa forme pour la nue-propriété, et *optimo jure* pour l'usufruit ; que l'usufruitier serait dès-lors au moins tenu de céder son droit *in jure* au légataire. Par conséquent, si le légataire revendique la chose, l'objet du legs tout entier devra lui être attribué; si l'héritier ne résiste pas, on pourra voir dans son consentement une *cessio* de l'usufruit. Si plus tard, cet héritier, sous prétexte, que par la revendication, la chose n'a pu revenir au légataire que *cum sua causa,* et que l'acquiescement qu'il a donné, ne contient pas l'usufruit, objet d'une simple créance, intentait l'action négatoire, il serait repoussé *ipso jure*, peut-être, mais dans tous les cas, *exceptionis ope*. Que si c'était le légataire qui eût intenté, à la suite de la délivrance de la chose, l'action négatoire contre l'usufruitier, celui-ci ne pourrait opposer d'exception. Sous Justinien, il est encore moins douteux que l'action intentée *ex testamento*, n'eût dû amener l'attribution, au légataire, de la toute propriété.

81. *Effets de la consolidation.* — La conséquence immédiate de la consolidation est de libérer l'usufruitier de son son obligation de jouir en bon père de famille, et de celle de restituer la chose « *liberabitur* : » sous-entendu *a cautione fructuaria* (Fr. 27, *quib. mod.*). Ceux à qui il a donné cette *cautio* pourront-ils agir contre lui *ex stipulatu?* Ulpien, Fr. 2, §3, *usufr. quem. caveat*, admet la recevabilité de cette action aux yeux du droit civil. Seulement, l'usufruitier aura une exception pour la repousser. Vénuléius, Fr. 4, *usufr. quem. cav.*, va plus loin qu'Ulpien. D'après lui, il n'y aurait même pas besoin d'exception, *si viri boni arbitrium huc usque porrigitur ;* c'est à-dire, l'appréciation de la justice de la demande montrerait dans l'*officium judicis*. Et en effet, l'action *ex stipulatu*, dans ce cas, tend à une restitution. Or, d'après une opinion très plausible, toutes les actions restitutoires sont arbitraires. L'adjection qui se trouve à la fin de toutes les actions arbitraires, *nisi restituat ex æquo et bono*, emporterait pour le juge le pouvoir d'examiner si la restitution est conforme à la justice, au *viri boni arbitrium*. D'après une autre explication (Cujas et Pothier), les Fr. 3 et 4, *usufr. quem.*, se rapportent à deux hypothèses différentes. L'action serait repoussée de plein droit, si la stipulation a été conçue en termes qui puissent produire cet effet (*utiliter*); c'est-à-dire s'il a été expliqué, suivant Cujas, que la restitution se ferait d'après l'arbitrage d'un homme de bien ; ou

suivant Pothier, quel aurait lieu seulement lorsque l'usufruit s'éteindrait de manière à ne plus renaître. Cette explication se fonde sur ce que, dans l'action *ex stipulatu*, sont pris en considération tous les pactes adjecliccs (Fr. 17, *de pactis*), au moins ceux qui tendent à diminuer l'obligation. — Si ces réserves n'avaient pas été faites, une exception serait nécessaire pour repousser l'action.

52. La consolidation éteint l'usufruit. Mais, si on cesse de jouir en qualité d'usufruitier, on n'en a pas moins l'*usus* et le *fructus*, à titre de propriétaire.

53. La consolidation n'empêche pas le *jus accrescendi* au profit de ceux qui ont été conjoints dans le legs d'usufruit; en effet, la consolidation n'est pas véritablement un mode d'extinction, c'est plutôt un cas de paralysie du droit entre les mains de celui *seul* au profit duquel a lieu la confusion. Donc, si le legs d'usufruit nous a été fait à tous deux ensemble, et que la propriété passe à l'un de nous, le droit d'accroissement n'en pourra pas moins avoir lieu au profit de l'autre (Fr. 3, § 2, *in fine*, et Fr. 6, pr. *de usufr. accresc.*).

54. Supposons que la consolidation soit le résultat de l'institution d'héritier faite au profit de l'usufruitier par le nu-propriétaire, et qu'en même temps le nu-propriétaire ait légué à un tiers la chose même, objet de l'usufruit. L'héritier ne peut retenir l'usufruit, et prétendre que le nu-propriétaire n'a entendu léguer que sa nue-propriété (Fr. 26 et 86, § 2, *de legat.*, II). (Voir à ce sujet, n° 50.)

Le Fragment 76, § 2, décide tout autrement pour les servitudes réelles. On suppose dans ce fragment que le propriétaire du fonds servant a institué héritier le propriétaire du fonds dominant, et a légué à Titius le fonds servant. L'héritier ne perdra pas les servitudes qu'il avait sur ce fonds; aussi, bien qu'*ipso jure* la confusion les ait éteintes, il pourra du moins repousser l'action du légataire par l'exception de dol, si celui-ci ne consent pas à les reconstituer (Fr. 18, *de servit.*). La raison de cette différence, c'est que l'usufruit est considéré en fait, comme une partie de la chose, parce qu'il en absorbe tout l'émolument : « fructus portionis instar obtinet (Fr. 76, « *de legat.*, II), ususfructus et si in jure non in parte consistit, « tamen emolumentum rei continet (Fr. 66, § 6, *ejusd. tit.*). » Au contraire, les servitudes n'empêchent pas le propriétaire de recueillir l'émolument de son fonds. L'usufruit absorberait le plus souvent l'utilité du legs de nue-propriété, i a servitude prédiale laisse subsister en grande partie cette utilité. On conçoit donc que le testateur soit censé avoir voulu l'extinction de la première de ces charges, et le maintien de la deuxième. On pourrait dire d'ailleurs que, dans le langage ordinaire, on n'appelle *toute-propriété* que celle qui n'est pas grevée d'un usufruit, tandis qu'on donne le nom de toute-propriété même à celle qui est grevée de simples servitudes prédiales. Or, le testateur ayant légué la toute-propriété, il serait contraire à l'acception ordinaire des mots de laisser subsister l'usufruit, tandis qu'on peut parfaitement laisser subsister les servitudes prédiales.

Nous avons vu plus haut que, dans le cas de legs *per damnationem*, ou *per vindicationem* sous condition, fait à un tiers, de la chose dont l'héritier a l'usufruit, il y a véritablement confusion, puisque l'héritier a été un instant propriétaire de la chose comprise dans le legs ; mais que si le legs était *per vindicationem* pur et simple, la nue-propriété ayant passé immédiatement au légataire, il n'y aurait jamais eu confusion dans la personne de l'héritier usufruitier, et que par consé-

quent l'usufruit subsisterait, sauf obligation pour l'héritier de
le céder au légataire. La même distinction doit être faite pour
les servitudes. Le fragm. 18, *de servit.*, qui prévoit le cas de
servitudes éteintes par confusion, se réfère donc exclusivement
au cas où le legs du fonds servant aurait été fait au tiers *per
damnationem* ou *per vindicationem* sous condition. C'est
alors seulement que le légataire serait obligé de reconstituer
les servitudes au profit de l'héritier ; car, dans le cas de legs
per vindicationem pur et simple, la servitude appartenant à
l'héritier n'aurait pas été éteinte par confusion, et il n'y aurait
pas à la reconstituer. Il suffirait que l'héritier fît la délivrance
du fonds servant qui, en vertu de la disposition du testateur
et conformément aux principes, se trouverait acquis au légataire *cum sua causa*.

55. *Cas où la consolidation vient à cesser.* — La consolidation n'étant qu'une paralysie du droit, ses effets disparaîtront,
si la consolidation vient à être rescindée *ex causa antiqua*
(Fr. 57, *pr.*, *de usufr.*). Ainsi, j'avais l'usufruit d'un fonds. Le
nu-propriétaire me lègue sa propriété. Voilà donc mon usufruit éteint par confusion. Plus tard, un fils du nu-propriétaire exhérédé par lui intente la *querela inofficiosi testamenti*
et fait tomber le testament. Je suis obligé à la restitution de
la nue propriété. Mais je garde l'usufruit, parce que la
consolidation est censée ne s'être jamais réalisée, la cause
juridique qui lui avait donné naissance venant à être regardée
comme n'ayant jamais existé elle même. (D'après une Novelle
de Justinien, la *querela inofficiosi testamenti* ne fait tomber
que l'institution d'héritier, et laisse subsister les legs. Donc
dans l'espèce, l'usufruitier légataire de la nue propriété
garderait la toute propriété).

56. Dans les cas où la confusion cesse *ex causa nova*,
l'usufruit reste éteint. C'est ce qui arriverait si l'usufruitier,
héritier du nu propriétaire, vendait la chose sujette à son

droit d'usufruit (arg. Fr. 30, *pr. de servit. præd. urb.*, et Fr. 10, *comm. prædior.*)

Par exception à ce principe, la confusion qui se serait opérée dans certains cas contre la femme mariée, cesse de produire ses effets, même lorsque l'événement qui l'avait amenée ne peut être regardé comme n'ayant jamais existé. Par exemple : (arg. du Fr. 7, *pr.* et § 1, *de fund. dotal.*) le mari achète la nue propriété du fonds d'un tiers, dont l'usufruit avait été constitué en dot et opère ainsi confusion. Plus tard, il revend la toute propriété sans réserve : il est responsable envers sa femme. Mais s'il est insolvable, on accorde à cette femme une action utile contre l'acheteur, pour le forcer à reconstituer l'usufruit (F. 7, *de fund. dotali, princip.*). — Par exemple encore si une femme constitue en dot l'usufruit qu'elle a sur le fonds de son mari, celui-ci acquiert la toute propriété, conséquemment il y a confusion; mais à la dissolution du mariage, le juge pourra forcer le mari à reconstituer l'usufruit.

Une décision analogue relative aux servitudes prédiales, et qui s'appliquerait à l'usufruit par identité de motifs, se trouve dans le fr. 9, *com. præd.* Ce fragment suppose que le propriétaire d'un fonds servant a institué héritier le propriétaire du fonds dominant. Il y a alors confusion, et par conséquent extinction de la servitude qui appartient à cet héritier. Mais s'il vient à vendre l'hérédité, il pourra réclamer de l'acheteur la reconstitution de l'usufruit. Cela est, en effet, conforme à la bonne foi du contrat de vente, et à l'intention des parties, comme le dit le fr. 9 : « *Id agitur, ut quasi heres emptor videatur extitisse.* »

87. L'usufruit d'un fonds vous a été légué purement et simplement; la nue propriété l'a été sous condition à Titius. *Pendente conditione*, vous achetez la nue propriété à l'héritier qui est nu propriétaire. Vous voilà devenu plein propriétaire;

conséquemment, l'usufruit qui vous a été légué, est éteint par confusion. Plus tard, la condition mise au legs de nue propriété fait à Titius se réalise ; et celui-ci acquiert non seulement la nue propriété, mais même la toute propriété, puisque la servitude d'usufruit que vous aviez sur la chose a été éteinte précédemment.

Cette solution paraîtra rigoureuse peut-être, au point de vue des idées françaises. Cependant il n'est pas impossible de la justifier. En général, l'usufruitier aura connu le legs de nue propriété fait sous condition. S'il n'a pas pris ses mesures avec l'héritier, la faute en est toute entière à lui. Dans certaines hypothèses, il est vrai, le reproche de négligence ne pourrait lui être adressé. C'est ce qui arriverait dans le cas où le legs dont il a à souffrir résulterait de codicilles postérieurs au testament, et qui n'ont été découverts qu'après la consolidation ; ou bien encore, s'il avait acquis la nue-propriété autrement que par achat, par exemple, parce qu'il est devenu lui-même l'héritier de l'héritier. Il serait peut-être assez dur alors de lui reprocher d'avoir fait adition, si d'ailleurs, la succession était avantageuse. Mais ces hypothèses sont exceptionnelles, et l'on conçoit que les jurisconsultes romains n'en aient pas tenu compte, quand ils avaient l'intention de poser une règle générale. Du reste, de quelque manière qu'on juge la décision du fr. 17 *quib. mod.* au point de vue de l'équité, il est impossible de ne pas reconnaître qu'elle est entièrement conforme aux principes du droit. Le fr. 57 donne une autre solution, il est vrai ; mais les deux hypothèses sont dissemblables. La raison de cette dernière décision se trouve dans la rétroactivité de la *querela inofficiosi*. Le testateur qui a exhérédé son fils sans motif est regardé comme fou, et, par conséquent, comme n'ayant jamais eu faction de testament. Le testament est donc réputé n'avoir jamais existé, l'usufruitier n'avoir jamais été légataire de la nue propriété, et la consolidation ne s'être jamais opérée. Au contraire, dans l'hypothèse du fr. 17, *quib. mod.*, l'usufruitier a acquis la nue propriété de l'usufruitier qui était propriétaire en droit *pendente conditione*, et qui pouvait, par conséquent, transmettre cette propriété intérimaire. Donc l'usufruitier est resté un moment propriétaire en droit, et la consolidation ne pourra être réputée n'avoir jamais existé. (Cujas, *Comment. sur le livre VII des Réponses de Papinien*).

SECTION II.

MODE D'EXTINCTION PROVENANT DE L'OBJET MÊME.

Perte, changement de la chose.

58. Tous les droits réels ou personnels s'éteignent avec la chose qui en est l'objet. Mais pour que l'usufruit se perde, il n'est pas besoin que la chose soit radicalement anéantie; il suffit qu'elle n'existe plus dans sa substance, que l'ensemble de ses qualités constitutives ne se retrouve plus au point de vue où les parties se sont placées.

Nous admettons donc la critique que Gérard Noodt (*de usufr.*, livre II, ch. XI), fait de ces expressions de Justinien : « Usufructus perit *interitu rei*, » et, comme ce jurisconsulte, nous préférons l'expression de *mutatio*, employée par Paul et Ulpien. Seulement, nous ne nous déterminons pas par ses considérations générales et quintessenciées. Gérard Noodt dit en effet : « Rien ne périt, les objets ne font que s'altérer et se transformer ; mais il n'y a jamais de perte complète d'un objet. » Puis, en faveur de cette observation, il cite un passage de Sénèque (*Epist.* 30, *in fine*), et ces vers d'Ovide (Libr. XV, *Metamorph.*, *fab.* 4).

> Non perit in tanto quidquam, mihi credite, mundo,
> Sed variat, faciesque novat, nascique vocatur
> Incipere esse aliud quam quod fuit ante.....

Avec la manière de raisonner de Sénèque, d'Ovide et de Gérard Noodt, un esclave qui meurt, une maison qui est incendiée sans qu'il en reste une pierre, n'ont pas péri complétement !

Du reste, pour justifier l'expression de Justinien, on pourrait dire qu'au point de vue de l'extinction de l'usufruit, la chose altérée est censée en droit avoir péri, ne plus exister. Il y a eu *interitus rei*. Nous nous servirons même des mots : « perte de la chose », pour notre plus grande commodité de langage, tout en rattachant à ce terme l'idée d'extinction de la substance seule de la chose.

89. La matière de l'extinction de l'usufruit par la perte de la chose est assez confusément traitée dans le liv. VII, tit. IV du Digeste. Les textes sont obscurs ou contradictoires. Cependant, toutes les espèces qu'il est possible de supposer, peuvent se ramener à cette idée principale : Y a-t-il modification substantielle de la chose, cette chose s'est-elle trouvée tellement altérée, qu'on ne puisse plus lui appliquer le nom qui lui avait été assigné dans la constitution de l'usufruit, et qui caractérisait la destination que les parties avaient entendu lui donner ?

Qu'il y ait dissolution complète de la chose, ou simplement changement, perte partielle, du moment que la substance de l'objet soumis à l'usufruit ne se retrouvera pas, le droit de l'usufruitier sera perdu, et, répétons-le, en matière d'usufruit à quoi se reconnaît la substance de la chose ? Au nom ; qu'est-ce en effet que le nom, si ce n'est le signe distinctif d'un objet, si ce n'est une allusion à ses propriétés caractéristiques ? Jamais une chose ne perd celles-ci sans en prendre d'autres, qui la font désigner par un nouveau nom. On peut dire ave Platon, *in Cratylo :* « C'est le nom qui nous apprend la destination et la nature des objets ; ceux-ci empruntent leur nom à leur forme, et le perdent dès qu'elle s'altère. » Voyez aussi Tertullien (lib. 2, *de carne Christi* ch. 13) : « Fides nominum salus est proprietatum. Etiam cum demutantur qualitates , accipiunt vocabulorum possessiones. » Ainsi, l'usufruit sera perdu, lorsque la chose changée ne pourra plus porter le nom que lui avait donné le testateur. Cette altération dans le nom correspondra à une altération présumée de la volonté du testateur. Par exemple, prenons l'usufruit d'une maison qui s'écroule, d'un animal qui meurt, de bains dont on fait une maison d'habitation, d'un quadrige dont l'un des chevaux périt, d'un troupeau que la mortalité réduit à un nombre insignifiant, d'un champ qui est transformé en marais, d'une forêt qui est défrichée, d'un esclave dont la profession vient à être changée, qui de comédien, devient secrétaire. Dans ces différents cas, l'usufruit est perdu, et ne subsiste pas sur les accessoires de la chose, parce que l'objet principal n'existe plus en droit. En effet, il n'y a plus *ædes*, mais *ærea; animal,* mais *caro* et *corium; balneum,* mais *habitatio: quadriga,* mais *tres equi; grex,* mais *oves separatæ; ager,* mais *palus, silva; rus* (terre inculte), mais *ager* (champ), *histrio,* mais *scriba.*

60. *Remarque.* — Les droits réels autres que l'usufruit, par exemple l'hypothèque, survivraient à la perte partielle et aux changements de la chose, quels qu'ils fussent (Fr. **21**, *de pign. act.*, Fr. **20**, § **2**, *de pig.*). C'est que le propriétaire qui constitue une hypothèque à son créancier, a entendu donner à celui-ci une sûreté, et que tant que les modifications survenues ne rendent pas cette sûreté absolument illusoire, elle ne doit pas cesser d'exister ; tandis que l'usufruit est toujours réputé légué pour un usage spécial, et qu'une fois cet usage impossible, le droit doit être perdu.

61. Si le changement n'a porté que sur des qualités secondaires, s'il n'a pas détruit la substance, et si l'objet conserve le nom qu'il portait auparavant, l'usufruit survivra. En effet, si nous supposons l'usufruit d'un champ, et que ce champ éprouve une inondation passagère ; d'une culture

dont le mode d'exploitation n'est pas déterminé, *arvum*, et que l'usufruitier y apporte des modifications, qu'au lieu de vignes, il sème du blé; il y a toujours *ager* dans le premier cas, *arvum* dans le second ; le droit sera conservé. Supposons encore l'usufruit d'un *domaine ;* une ferme qui en fait partie vient à être détruite; le droit subsiste lors même qu'en fait le domaine ne serait que l'accessoire de la ferme, parce que, dans l'intention du testateur, exprimé par le mot *domaine*, la ferme n'est que l'accessoire du domaine. Dans le cas d'usufruit universel, la perte même totale d'un objet ne fait pas perdre le droit sur le reste, car au point de vue du tout, ce n'est qu'une perte partielle, n'altérant pas la substance juridique de la masse. A plus forte raison les changements qui pourraient arriver aux divers objets constituant cette masse, n'entraîneraient-ils pas la perte du droit de l'usufruitier.

Il faut en dire autant de l'usufruit d'une maison, s'il y a perte partielle. Tant qu'il restera une portion qui méritera le nom d'édifice, *ædes*, le droit sera conservé ; par conséquent, si le testateur ne la rebâtit que par portions successives, l'usufruit subsistera ; au lieu que s'il l'avait démolie, puis rebâtie en entier, il y aurait eu, pendant un instant, *area*, un sol nu, et non plus une maison, et par conséquent l'usufruit aurait été éteint. De même pour le navire, *quæ reficitur per partes*, (par opposition à celui *quæ tota reficitur*, fût-ce avec les mêmes matériaux); dans le premier cas, il y aura conservation du droit ; dans le deuxième, extinction, parce qu'au moment de la dissolution complète, il y a eu des planches, et non pas un navire (Ulpien, Fr. 10, *quib. mod.*).

62. Un grand nombre d'anciens commentateurs prétendaient que les changements survenus à la chose grevée du droit d'usufruit éteignaient bien le droit, mais n'empêchaient pas qu'il ne revécût, si la chose revenait identiquement à son état primitif; si au contraire cette chose présentait dans sa reconstitution des différences, quelque légères qu'elles

fussent, le droit ne renaîtrait pas. (Voët, *ad Pandect;* Doneau; Cujas, lib. 5, *in Afric., in L.* 30, *de usufr.*). Ce système est excessivement vague, et d'ailleurs, il a le défaut de supposer qu'un droit, qui a été définitivement éteint, puisse revivre *ex post facto,* sans constitution nouvelle. Cependant, une fois que l'extinction d'un droit s'est produite, les pouvoirs du propriétaire de ce droit ne sont-ils pas éteints? Comment pourraient-ils renaître? Il ne faut pas tirer argument de ce que, dans le cas où la consolidation cesse *ex antiqua causa,* l'usufruit continue d'exister. La consolidation, en effet, n'entraîne pas extinction, mais simplement paralysie du droit. Aussi, le Fr. 57, *de usufr.,* relatif à l'hypothèse de consolidation ne dit-il pas : *apparuit ex post facto resurrectum esse usumfructum:* il dit : *remansisse usumfructum,* supposant que l'usufruit n'a jamais cessé d'exister en droit.

63. Nous croyons donc qu'il n'est pas exact de soutenir que l'usufruit puisse jamais renaître. Mais reste à savoir s'il n'a pas subsisté, sommeillant tant qu'a duré le changement de la chose, pour se réveiller avec la restauration de la chose, à moins que le délai de la perte par non usage ne soit passé. (Il faut bien remarquer que, dans ce nouveau système, la perte par changement ne serait plus un mode spécial d'extinction de l'usufruit, mais une simple application de la perte *non utendo.*) Ce système a été évidemment professé à Rome, comme nous l'apprennent les fr. 15 et 71 *de usufr.;* 7, *quib. mod.;* 14, *quem servit.;* 34, § 1 et 35 *de servit. Præd. Rustic.;* 12, *de usu. leg.* (Quelques-uns de ces fragments sont relatifs aux servitudes. Ils nous prouvent, que pour les servitudes prédiales, aussi bien que pour l'usufruit, la perte par modification de la substance a été considérée par certains jurisconsultes, comme variété de la perte par non-usage.) Nous allons analyser ceux de ces textes seulement qui se rapportent à l'usufruit. Les fr. 15. *de usufr.* et 12, *de usu. leg.,* prévoyant l'hypothèse de constructions élevées sur le ter-

rain grevé d'usufruit, supposent que le droit de l'usufruitier n'est pas immédiatement perdu. Le fr. 15 décide que si
l'usufruitier a fait des constructions, il ne pourra les enlever
par la suite; c'est donc que le droit n'est pas perdu immédiatement. Le fragm. 13, *de usu. leg.,* supposant que l'héritier a
élevé sur le terrain de l'usufruitier une ferme, lui défend
de la démolir contre le gré de l'usufruitier. Attribuer à
la prohibition de celui-ci un tel effet, c'est évidemment
supposer qu'il n'a pas perdu son droit, sans quoi il serait
inconséquent de lui permettre d'empêcher des modifications
sur une chose qui lui est devenue complétement étrangère.

Quant au Fr. 71, *de usufr.,* il est plus positif encore. Voici
comment il s'exprime : » Si in area, cujus usufructus esset
« alienus, quis ædificasset, intra tempus quo ususfructus
« perit superficie sublata, restitui usumfructum veteres res-
« ponderunt. » Le Fr. 7, *quib. mod.,* consacre précisément
le même principe; mais ce fragment a été l'objet d'une interpolation.

Ce premier système dut être abandonné dans la suite. Des
fragments d'Ulpien et de Paul en font foi; ces auteurs, en
effet, décident que les constructions élevées sur le terrain
soumis à l'usufruit, font perdre immédiatement le droit.
(Fr. 12, *si servit. vindicet.,* 4, *quib. mod.*) Comme conséquence naturelle, le droit ne revivrait pas si les constructions venaient à être démolies. Telle est la décision que donne
Paul pour le cas inverse, pour le cas où un usufruit existant
sur une maison a été perdu par la démolition de l'édifice,
qui serait reconstruit plus tard. (Fr. 20, § 2, *de serv. Præd.
Urb.*). Voyez dans le même sens, fr. 10, *quib. mod.*). Le
fr. 7, *quib. mod.* semblerait favorable au premier système,
comme nous l'avons dit; mais ce texte a été évidemment interpolé, puisque Julien, auteur de ce fragment, admettait au
rapport de Paul, une solution absolument contraire (fr. 9,
si serv. vindic.).

De cette interpolation même, on pourrait conclure que Justinien a voulu revenir à l'ancien système. Cette observation a d'autant plus de force, que les rédacteurs du Digeste ont placé le fragment altéré immédiatement après celui qui contenait l'opinion plus rigoureuse d'Ulpien, manifestant ainsi clairement l'intention de modifier la décision de cet auteur. En conséquence, sous Justinien, l'extinction définitive de la chose amènerait seule la perte immédiate de l'usufruit ; les autres altérations de la substance n'entraîneraient plus extinction du droit, à moins qu'elles ne durent pendant le temps requis pour la perte par non usage. Justinien aurait donc eu un motif pour ne plus dire, comme Paul, et Ulpien : « L'usufruit se perd par la *mutatio rei*, » et pour employer le mot : *Interitus.*

64. Quel que soit l'auteur ou la cause du changement de la substance, le droit d'usufruit sera perdu. Mais il pourra y avoir une question d'indemnité à régler. L'altération peut résulter, soit du hasard (dans ce premier cas pas de dommages-intérêts), soit du fait du nu-propriétaire, ou d'un tiers, ou de l'usufruitier lui-même.

Première hypothèse. — Changement résultant du fait du nu propriétaire. Pour amener une énumération logique des différentes actions auxquelles le fait du nu propriétaire peut donner lieu, nous supposerons que l'usufruit a été constitué par testament. Si la délivrance de l'objet soumis au droit d'usufruit n'a pas encore eu lieu, l'usufruitier aura contre le nu propriétaire l'action *ex testamento* ; si la délivrance a eu lieu, l'action *ex testamento*, qui n'oblige l'héritier qu'à une chose, à faire tradition, est inapplicable. L'usufruitier devra donc user de l'interdit utile *quod vi aut clam* ; mais si le changement a été fait sans violence ni clandestinité, on n'est plus dans le cas de l'interdit ; alors à quelle action recourir ? En cas de changement ayant amené un dommage direct, accordera-t-on l'action de la loi Aquilia (l'action utile bien entendu, car l'action directe n'appartient qu'au propriétaire)? Julien en faisait doute. Ulpien et Paul se décident pour l'affirmative (Fr. 11, § 10 et 12, *ad leg. Aquil.*). Si la modification n'a pas produit une détérioration de la chose, s'il en résulte au contraire une amélioration, comme dans le cas de constructions élevées sur le terrain grevé d'usufruit, il n'y a plus lieu à l'action de la loi Aquilia. Il faudra bien recourir au moyen extrême de l'action de dol. Du reste, l'héritier n'aura pas à se plaindre, car l'action de dol étant arbitraire, il pourra échapper à la condamnation en donnant satisfaction à l'usufruitier : *Nisi de usufructu cesserit*, dit le fragment 7, *quib. mod.* L'héritier sera donc libéré en reconstituant l'usufruit par la *cessio in jure*.

2° L'altération résulte du fait d'un tiers. Il ne peut être question de l'action *ex testamento*. L'usufruitier aura, soit l'interdit *quod vi*, soit l'action de la loi Aquilia, soit l'action *de dolo*.

3° L'auteur du changement est l'usufruitier lui-même. — Alors, au lieu d'avoir droit à une indemnité, il pourra en devoir une au nu-propriétaire, si le changement n'est pas avantageux pour celui-ci.

SECTION III.

PERTE PROVENANT DES CONDITIONS MÊMES DE LA CONSTITUTION.

§ I. — Perte provenant des conditions expresses. — Terme et condition.

63. L'usufruit peut être constitué à terme, ou pour durer jusqu'à l'arrivée de tel événement incertain. Dans cette dernière hypothèse, on dirait, en droit français, que l'usufruit est sous condition résolutoire. Mais remarquons que les Romains ne connaissaient pas cette condition. Pour eux, le droit était pur et simple. C'était sa résolution qui était con-

ditionnelle (Fr. 2, *de in diem addict.*, et 1 *de leg. commiss.*).
Toutefois, nous pouvons observer en notre matière que, par
l'interprétation de la volonté des parties, l'usufruit constitué
à temps, ou jusqu'à l'arrivée d'une certaine condition, diffé-
rait de l'usufruit absolument pur et simple, en ce sens qu'il
était censé *repetitus*, et que, par conséquent, s'il venait à
s'éteindre avant le jour fixé ou l'événement de la condition,
il devait renaître, tandis que l'usufruit véritablement pur et
simple fût resté éteint.

64. L'arrivée du terme et de la condition est une cause *civile* d'extinction de l'usufruit. Si une pareille modalité avait
été imposée à une servitude réelle, cette servitude, malgré
l'arrivée du délai ou de la condition, subsisterait en droit pur;
ce n'est que d'après le droit prétorien que l'action confessoire
du propriétaire du fonds dominant serait repoussée par l'exception de dol (Fr. 4, *pr.*, *de servit.*). Quelle est la raison de
cette différence entre l'usufruit et les servitudes? Pourquoi
le premier est-il éteint *ipso jure*, tandis que les deuxièmes ne
le sont que *exceptionis ope?* Parce que, dit Cujas (*Recitatio-
nes solemnes*, t. V, p. 19, sur la L. 56, § 4, *de verbor. oblig.*),
l'usufruit est un droit établi au profit des hommes. Or, les
hommes sont chose temporaire; leurs droits doivent l'être
également. Dès lors, rien de choquant à permettre de constituer un usufruit pour un temps seulement. Au contraire, les
servitudes sont des droits au profit de fonds, choses destinées
par la nature à avoir une durée indéfinie. Elles ne se plient
donc pas à une constitution temporaire.

Cette explication ne fait que reculer la difficulté; car, nous
demanderons à Cujas comment il se fait que les obligations
ne s'éteignent pas *ipso jure* par le temps ou par l'arrivée de
la condition? S'il y a, en effet, un droit éminemment établi au
profit d'un homme, ce sont les obligations.

. Dira-t-on avec Doneau et Noodt « qu'il y a extinction, non
« par l'effet de l'échéance même du temps, mais parce que le

« droit lui-même n'aurait plus d'existence? L'usufruit, en
« effet, consiste avant tout en faits. Or les faits une fois ac-
« complis n'existent plus et sont irrévocables. L'usufruit
« d'aujourd'hui n'est donc plus celui d'hier, il n'est pas celui
« de demain. C'est pour cette raison qu'on regarde l'usufruit
« comme finissant chaque jour pour renaître le lendemain en
« vertu d'une constitution nouvelle (Fr. 1, § *penult, de usufr.*
« *accresc.*). Or, si nous supposons l'usufruit constitué à terme,
« une fois ce terme arrivé, l'usufruit du temps antérieur n'est
« plus dû, puisqu'il a cessé d'exister : il en est de même de
« celui du temps futur, qui n'a pas été l'objet d'une consti-
« tution expresse. Il y a donc en quelque sorte extinction par
« la perte même de la chose *interitu rei.* »

Ce système revient un peu à dire que l'usufruit s'éteint
parce que l'usufruit périt. Il constate le fait d'une manière
subtile, mais il n'en donne véritablement pas la raison.

Il faut donc chercher une explication en dehors de celles
que nous avons examinées. Voici, suivant nous, ce qu'on peut
dire : Les servitudes, soit réelles, soit personnelles, s'éteignent par l'extinction du sujet actif du droit. Si le fonds dominant, sujet actif d'une servitude prédiale vient, ce qui sera
fort rare, à cesser d'exister matériellement ou juridiquement,
le droit de servitude sera éteint. De même, si le sujet actif du
droit d'usufruit, l'usufruitier, meurt ou subit une *capitis minutio*, le droit d'usufruit s'éteint. Voilà le principe. Mais s'il
arrive fréquemment qu'un droit d'usufruit s'éteigne par l'extinction de son sujet actif, il n'est pas commun de voir s'é-
teindre une servitude prédiale par l'extinction du fonds
dominant. A ce point de vue, Cujas a raison de dire que les
servitudes sont, par la nature, destinées à avoir une durée
indéfinie. Les Romains, habitués à l'extinction fréquente du
droit d'usufruit par l'extinction toujours assez prompte du
sujet de ce droit, finirent par concevoir ce droit comme limité par le temps même. C'était assurément une idée fausse.

Mais enfin il nous paraît constant que ce fut cette idée qui amena la possibilité juridique de constituer l'usufruit à terme, ou jusqu'à l'arrivée d'une certaine condition. Cette modification, apportée au principe d'après lequel le temps, par lui seul, ne crée ni n'abolit aucun droit, est, du reste, conforme à la propension qu'avaient les Romains à favoriser la perte de tout ce qui peut entraver la propriété. Le droit de propriété chez les Romains, c'est le droit suprême, devant l'intérêt duquel tout doit s'abaisser, et qu'on protége par la plus rigoureuse des sanctions (droit de tuer le voleur manifeste). Or l'usufruit est un obstacle au droit de propriété et en produit même une annihilation temporaire. Le droit civil a donc cherché tous les moyens de le faire disparaître. Les servitudes, au contraire, si elles constituent, dans certains cas, une gêne pour la propriété, procurent d'inappréciables avantages ; elles sont indispensables à la culture, considération décisive pour un peuple agricole à son origine. Le législateur cherchera donc à favoriser leur existence plutôt que leur extinction, et voilà pourquoi, dans le pur droit civil, la prétention de limiter la durée d'une servitude à un temps sera considérés comme non avenue.

67. L'usufruit laissé jusqu'à un certain temps ou à l'arrivée d'une certaine condition est censé *repetitus;* cela signifie qu'il est censé reconstitué en vue de certains cas de perte, et qu'il ne peut s'éteindre définitivement que par la mort de l'usufruitier, la perte de la chose ou l'arrivée de l'événement prévu.

68. Cette observation va nous donner la clé de plusieurs difficultés : 1° si l'usufruitier meurt avant l'expiration du temps fixé, certains commentateurs prétendent que le droit ne périra pas immédiatement, mais qu'il passera aux héritiers de l'usufruitier jusqu'uau temps pour lequel il a été constitué. En effet, disent-ils, le testateur, en fixant un terme à la durée de l'usufruit, a entendu se référer, pour cette durée, non pas à la vie de l'usufruitier, mais à l'époque que lui-même a fixée:

« Testator non ad vitam, sed temporis lapsum respexit : ergo etiam ejus lapsus expectandus est (Verloenher). » Cet auteur cite, à l'appui de son opinion, le fragm. 35, *de usu et usufr. leg.*, et la const, 12, *C. de usufr.* Voet combat ce système de la manière suivante : « Le terme ou la condition est tout simplement, dans l'intention du constituant, une cause d'extinction qui vient non pas exclure les autres, mais s'y ajouter ; le testateur a entendu fixer un maximum de durée, lequel est l'arrivée de l'époque constituée ; c'est comme s'il avait dit : l'usufruit durera au plus jusqu'à tel moment, mais il pourra très-bien finir avant, s'il survient une autre cause d'extinction. » Cette argumentation de Voet n'est pas tout à fait exacte. On ne peut pas dire que le testateur, en constituant l'usufruit à temps, a entendu ajouter une cause d'extinction de plus. En effet, l'usufruit à temps est censé *repetitus*, c'est-à-dire que le testateur est réputé avoir voulu prévoir la plupart des cas de perte d'usufruit, et y remédier d'avance par la répétition tacite qui est contenue dans la constitution à temps. L'adjonction d'un délai est donc, dans l'intention présumée du testateur, favorable à l'usufruitier plutôt que nuisible. Seulement, d'après les principes de la répétition tacite, celle-ci n'est pas réputée prévoir le cas de mort de l'usufruitier ; pour cela il faudrait une disposition expresse. (V. le n° 85.) Donc si l'usufruitier meurt avant le temps fixé, son usufruit prend fin.

Nous venons de dire que la répétition ne faisait pas continuer l'usufruit dans le cas de mort de l'usufruitier, à moins d'une disposition formelle. Quand cette disposition formelle aura eu lieu, l'usufruit persistera ; et cette observation nous servira à réfuter l'argument que Verloehner tire du fragm. 35, *de usu et usufr. legat.* Dans ce fragment, nous voyons un testateur léguer à sa femme l'usufruit d'un fonds pendant cinq ans, et à ses affranchis la nue propriété de ce fonds ; la femme ne survit que trois ans à son mari, et pourtant les affranchis ne pourront, d'après ce fragment, réclamer la toute propriété qu'au bout des cinq ans. Cette décision se comprend parfaitement si l'on pèse bien les termes du fragm. 55. Le testateur a manifesté, de la manière la plus positive, son intention que l'usufruit de sa femme dure pendant les cinq ans entiers, quels que fussent les événements qui arriveraient; il peut donc être censé avoir prévu même le cas de mort et avoir voulu faire continuer l'usufruit malgré cet accident : *Peracto quinquennio, cum ejus ususfructus esse desierit ;* il avait positivement voulu n'assigner à cet usufruit d'autre cause d'extinction que le laps de cinq ans : *Non ad vitam, sed ad lapsum temporis respexerat.* Quant à la constit. 12, *C., de usufr.*, il est vrai que d'après elle l'usufruit constitué jusqu'à ce qu'un tiers ait atteint un certain âge, dure jusqu'à l'époque où ce tiers serait arrivé à cet âge lors même qu'il viendrait à mourir auparavant. Mais cette décision est conforme aux règles de la répétition, comme nous allons le voir ; ce n'est pas du tout l'hypothèse que nous présumons en ce moment ; ce n'est pas la mort de l'usufruitier même qui est prévue ; et d'ailleurs la constit. 12 entend si peu fournir un argument à l'opinion soutenue par Verloehner, que précisément, prévoyant *in fine* la mort de l'usufruitier avant le temps fixé, elle porte que l'usufruit sera éteint : « Si decesserit usufructuarius ante impletam conditionem, ususfructus extinguetur.

69. 2° Un usufruit a été constitué pour un temps ou jusqu'à l'arrivée d'une condition qui ne se rapportent pas à l'usufruitier, mais à un tiers ; par exemple, jusqu'à ce qu'un tiers ait atteint l'âge de puberté, ou soit guéri d'une maladie mentale qui l'affecte au moment de la constitution. Qu'arrivera-t-il, si avant sa puberté ou sa guérison, le tiers vient à mourir? D'après les principes de la *repetitio* tacite, l'usufruit doit subsister. En effet, l'usufruit qui est censé *repetitus* ne peut s'éteindre que par la perte de la chose, l'arrivée du temps et la mort de l'usufruitier. Or, aucun de ces événe-

ments ne s'est produit, donc l'usufruit doit survivre. (Dans ce sens, Fr. 52, § 6, *de usu et usufr. leg.* ; Fr. 13, § 1, et Fr. 20, § 5, *de alim. vel cibar. leg.*). Justinien nous dit pourtant, en consacrant ce système dans la C. 12, au Code *de usufr.*, que ce point avait fait question : *ambiguitatem juris decidentes.*

Qu'avait-on donc pu objecter contre l'opinion en faveur de laquelle l'Empereur se décide ? Il est probable que certains jurisconsultes prononçaient l'extinction immédiate à la mort du tiers, par interprétation de la volonté du constituant. Les expressions de Justinien, en effet, montrent qu'il a tranché la question dans un sens favorable à l'usufruitier, qu'il a entendu proroger le droit de celui-ci. Voici peut être le raisonnement qui servait de base à l'opinion opposée : L'époque où un tiers arriverait à un âge fixé est un *dies incertus.* Or, *dies incertus in testamento conditionem facit.* Le legs d'usufruit fait jusqu'à ce qu'un tiers ait atteint un âge déterminé, est donc censé fait sous la condition que le tiers arrivera à cet âge. S'il meurt auparavant, la condition mise au legs fera défaut, et le droit devra s'évanouir (arg. du Fr. 22, *quando dies legat. ced.*).

70. *Remarque.* — Les Romains employaient très souvent pour le legs d'usufruit ces expressions : *quamdiu vives.* A quoi bon, dira-t-on, cette mention ? Est-ce que l'usufruit ne s'éteint pas par la mort de l'usufruitier, et par conséquent ne dure-t-il pas ordinairement toute sa vie ? La réponse consiste à dire que l'usufruit *quamdiu vives* est un usufruit à temps, par conséquent *repetitus :* de sorte que s'il arrive une toute autre cause d'extinction que la mort ou l'événement du terme, l'usufruit survivra, tandis qu'il eût été éteint s'il avait été légué purement et simplement sans l'adjonction des mots : *quamdiu vives* (Fr. 3, *quib. mod. pr. in fine*).

§ 2. — Perte provenant des conditions tacites. —
Cessation du droit du constituant.

71. Celui qui n'a sur une chose qu'un droit résoluble sous-entend nécessairement que le droit qu'il constitue sur cette chose ne sera pas plus vivace que le sien propre : *nemo plus juris in alium transferre potest quam ipse habet* (Fr. 105, *de condit. et demonst.*; Fr. 31, *de pignor. et hypoth.*; Fr. 11, § 1, *quem servit.*). Ce mode d'extinction n'est que l'application du droit commun. Par exemple, un testateur me lègue un usufruit sous condition : *pendente conditione*, la chose appartient à l'héritier (Fr. 12, *fam. ercisc.*, § 2). Celui-ci peut donc à son tour léguer à un tiers ce même usufruit ; seulement si la condition du premier legs s'accomplit, l'usufruit laissé par l'héritier s'éteint et passe au premier légataire (Fr. 16, *quib. mod.*). Il est même tellement éteint que, si plus tard, le premier légataire vient à perdre l'usufruit, il ne fera pas retour au second, et en effet, à quel titre ? Ce ne pourrait être à titre d'accroissement, car l'accroissement n'a lieu qu'en faveur des *conjuncti ex eodem testamento*.

CHAPITRE II.

PERTE PARTIELLE.

72. L'usufruit étant un droit éminemment divisible, peut très bien s'éteindre pour partie seulement : c'est là un trait caractéristique qui le distingue des servitudes réelles.

Il faut bien comprendre, du reste, cette différence. Nous n'entendons pas dire qu'elle consiste en ce que les servitudes réelles ne pourraient s'éteindre sur une partie déterminée d'un objet et subsister sur le reste, comme cela pourrait avoir lieu en matière d'usufruit. Les servitudes, sous ce rapport sont absolument régies de la même manière que l'usufruit : *ad certam partem fundi servitus tam remitti quam constitui potest.* On peut renoncer à une servitude comme on peut renoncer à un usufruit sur une partie déterminée d'un fonds, en conservant le droit sur le reste. En ce sens, les servitudes réelles mêmes s'éteignent partiellement.

Mais ce qu'on ne pourrait faire, c'est éteindre la servitude sur une partie indivise du fonds; c'est, par exemple, dire : j'userai de ma servitude sur la moitié indivise de votre fonds, et sur l'autre moitié je vous en fais remise. De deux personnes jouissant d'une même servitude, l'une ne pourrait pas non plus, par sa renonciation, l'éteindre pour la part indivise qu'elle possède. La servitude continuerait d'exister toute entière au profit de l'autre propriétaire du fonds dominant. C'est encore en vertu du principe de l'indivisibilité des servitudes réelles que si le débiteur d'une servitude décédait en laissant plusieurs héritiers, la créance ne se partagerait pas, et le créancier pourrait actionner *in solidum* celui de ces héritiers qu'il voudrait. De même, si une servitude était commune à un majeur et à un pupille, la servitude ne pourrait se perdre par non-usage, même pour la portion appartenant au majeur, *quia per pupillum retineretur* (Fr. 34, *de servit. præd. rustic. pr.;* Fr. 17, *de servitutibus;* Fr. 10, *pr. quem. servit.;* Fr. 4, § 3 et 4, *si servit. vindic.*). De même encore si, propriétaire d'un fonds dominant, j'acquérais une portion du fonds servant, il n'y aurait pas confusion partielle; la servitude subsisterait pour le tout (Fr. 8, § 1, *de servit.,* et Fr. 30, § 1, *de servit. præd. urb.*).

Dans le cas d'usufruit il en serait tout autrement. Par exemple, si j'avais l'usufruit d'un fonds, je pourrais renoncer à la moitié indivise de cet usufruit; je n'en conserverais que la moitié. De deux créanciers de l'usufruit, l'un pourrait perdre partiellement ce droit; l'autre n'en conserverait que sa part (sauf toutefois le droit d'accroissement à son profit dans le cas de legs *ex eodem testamento.*). En vertu du principe de la divisibilité de l'usufruit, si le débiteur de ce droit venait à mourir en laissant plusieurs héritiers, la dette d'usufruit se diviserait entre eux, et ils ne pourraient être poursuivis que pour leur part héréditaire : *reo promittendi defuncto, in partes hereditarias ususfructus obligatio dividitur* (Fr. 5, *de usufr.*). De même, si l'usufruit appartenait en commun à un majeur et à un pupille, le non-usage du majeur lui ferait perdre sa part. De même encore, si, usufruitier, j'acquérais une portion de la chose soumise à mon usufruit, il n'y aurait que consolidation partielle. Enfin, s'il y avait deux codébiteurs d'un droit d'usufruit, l'un pourrait se libérer pour sa part indivise : « si ex communi prædio debeatur (ususfructus), uno ex sociis defendente pro parte defendentis fiet restitutio. » (Fr. 5, *de usufr.*). L'usufruit peut aussi se perdre par non-usage pour une partie indivise (Fr. 25, *quib. mod.*). J'avais à moi seul un droit d'usufruit ; je laisse un tiers user pour moitié indivise de cet usufruit, j'aurai perdu cette moitié par non-usage.

Toutes ces décisions sont des applications particulières du principe général que l'usufruit est chose éminemment divisible, lors même qu'il porterait sur une chose indivisible.

73. Mais tous les modes d'extinction sont-ils susceptibles de ne produire qu'une perte partielle ? Le Fr. 14, *quib mod.*, répond à cette question : « Excepta capitis deminutione, vel « morte, reliquæ causæ vel pro parte interitum ususfructus « recipiunt. » Nous irons même plus loin que Pomponius, auteur de ce fragment. Nous distinguerons entre l'usufruit laissé à une seule personne et celui constitué par indivis au profit de plusieurs (sauf le cas d'accroissement). Ce dernier pourrait s'éteindre partiellement même par la mort ou la

capitis deminutio : ainsi, lorsqu'un seul des co-usufruitiers
vient à décéder ou à subir une *capitis deminutio*, sa part d'u-
sufruit ferait retour à la nue-propriété, ce qui prouve que le
droit est éteint partiellement. (Quant à l'usufruit légué *ex
eodem testamento* à plusieurs, il ne peut jamais s'éteindre
partiellement, la part de l'un accroissant à l'autre.)

La proposition de Pomponius n'est donc vraie que pour
l'usufruit constitué au profit d'une seule personne. Elle s'applique : 1° au non-usage (Voir plus haut n° 72, et Fr. 25,
quib. mod.) ; 2° à la *cessio in jure :* (le nu-propriétaire usera
pour la portion qu'on veut lui céder, de l'action négatoire) ; 3° à la consolidation : (l'usufruitier acquérant une
portion de la nue-propriété, son droit d'usufruit conti-
nuera d'exister sur l'autre portion) ; 4° à la perte : (l'objet
périt partiellement, l'usufruit subsiste, pourvu que la perte
partielle n'ait pas amené une *mutatio rei*) ; 5° à l'événement
de la condition ou du terme quand ces modalités n'ont été
apposées qu'à une portion de l'usufruit constitué ; (ainsi, un
testateur a dit : Je lègue à Titius l'usufruit de ma maison,
et, si tel événement arrive, à telle époque, moitié de l'usufruit
reviendra à mon héritier. A l'époque fixée ou à l'événement
de la condition prévue, l'usufruit n'existera plus que sur la
moitié de la maison.)

74. Un texte semble regarder l'usufruit comme indivisible,
et, par conséquent, en prohiber la perte partielle. Voici dans
quelles circonstances : Je lègue à ma femme l'usufruit d'un
fonds, jusqu'à ce que sa dot lui ait été restituée, ou jusqu'à
ce qu'on lui ait fourni caution de restituer sa dot. L'un de
mes héritiers seulement accomplit son obligation. L'usufruit
sera-t-il éteint partiellement ou non? Oui, suivant Labéon
(Fr. 30, pr. *de usu et usufr. leg.*). Non, suivant Cassius et
Paul (Fr. 44, § 7, *fam. ercisc.*). Dans ce dernier fragment,
en effet, il est dit que, par l'action *familiæ erciscundæ*, chaque

cohéritier aura pu, soit après avoir payé la part de son cohéritier la lui réclamer, soit forcer son cohéritier à payer immédiatement lui-même sa part. Pourquoi cette faculté qu'il a de
la forcer au paiement immédiat, s'il n'y a personnellement un
intérêt ? Cet intérêt, c'est l'extinction de l'usufruit par l'accomplissement de la condition. Or, si les auteurs de la loi
admettaient que l'usufruit peut s'éteindre partiellement dans
le cas où l'un des cohéritiers accomplirait son obligation, quel
intérêt resterait-il à celui qui se serait déjà acquitté ? — D'ailleurs, le Fr. 44, § 7, accorde l'action *familiæ erciscundæ* à
celui des cohéritiers qui a payé la part de la dette dotale affé-
rente à la portion de son cohéritier. Or, il est de principe que
quand un cohéritier pouvant agir pour sa part seule agit aussi
pour celle des autres, il a, à raison de ce fait, l'action de ges-
tion d'affaires et non l'action en partage : cette dernière action
n'est accordée qu'autant que la dette payée par l'un des cohéritiers ne pouvait l'être que *in solidum*. — Donc, le Fr. 44,
§ 7, décide implicitement que l'obligation de payer la dot à
la femme doit être accomplie dans son intégralité pour entraîner l'extinction de l'usufruit, et, par conséquent, que si
cette obligation n'est accomplie que partiellement, l'usufruit
ne sera pas éteint partiellement.

Ya-t-il moyen de concilier ce Fr. 44 avec le Fr. 30, *de
usufr. leg. ?*

Accurse a tenté trois conciliations : 1° des deux lois, l'une
est conforme à l'équité, l'autre au droit strict ; 2° la décision
du Fr. 44 n'est pas opposée à celle du Fr. 30 : elle ne tend
qu'à éviter un morcellement incommode du paiement, mais
elle ne veut pas dire que l'obligation de payer la dot doive
être accomplie *in solidum*. (Cette conciliation est inadmissible : le Fr. 44 n'accorderait pas l'action *fam. ercisc.*, mais
seulement l'action *negotiorum gestorum*) ; 3° l'usufruit, dans
l'hypothèse du Fr. 44, porterait sur des choses hypothéquées
par le mari à sa femme. Or, un paiement partiel n'éteint pas

l'hypothèque. Donc, bien que l'usufruit puisse s'éteindre partiellement, l'hypothèque qui porte sur la toute propriété ne pourrait s'éteindre que par un paiement intégral. (Avec cette explication, on comprend qu'il y ait lieu à l'action *fam. ercisc.*)

Cujas repousse les explications d'Accurse. Il fait remarquer que les Fr. 44 et 50 rapportent les avis des deux chefs des écoles opposées, Cassius et Labéon. Labéon s'en est tenu à la nature de l'usufruit qui est divisible, et il a dit : Un payement partiel éteindra l'usufruit pour partie. Au contraire, Cassius s'est attaché à l'intention du testateur, qui, par ces mots : *donec ei* TOTA *dos,* etc., entendait faire de la dot une dette *in solidum* et transformer l'usufruit en chose indivisible. Il entendait faire de l'usufruit un gage du paiement de la dot — le gage se constitue même par testament— (Fr. 6, *Com. de leg.* — Fr. 26, pr. *de pigner. act.*). Or le gage est indivisible. Donc, un payement partiel n'éteindrait pas l'usufruit constitué à titre de gage. Cette explication de Cujas est d'autant plus plausible, qu'avant Justinien la femme n'avait pas d'hypothèque tacite sur les biens de son mari, et que, par conséquent, il était tout naturel que celui-ci songeât à lui constituer des garanties par son testament s'il ne l'avait pas fait entre vifs (Cujas, Com. sur le liv. X du Dig., tit. ii, Fr. 28, § 13. — *Ibid.*, Com. sur le liv. XXXIII, tit. ii, Fr. 30.).

Plus simplement, et en admettant avec Cujas un dissentiment chez les deux chefs d'écoles, on peut dire que la décision du Fr. 44 résulte du principe de l'indivisibilité des conditions, principe qu'aurait repoussé Labéon.

CHAPITRE III.

PERTE DU QUASI-USUFRUIT.

78. Le quasi-usufruitier devenant propriétaire, ne peut

perdre le droit qu'il a acquis que par les modes extinctifs de la propriété. (Ulpien a donc eu tort de dire que le quasi-usufruit se perd par la mort et la *capitis deminutio* (Fr. 10, *de usufr. ear. rer.*); seulement, il a promis, certains événements échéant, de restituer des objets de la même espèce que ceux qu'il a reçus. Il s'agit de savoir quels seront ces événements qui amèneront l'exigibilité de l'obligation de restituer. Suivant Paul : *In stipulatione de reddendo usufructu pecuniæ, duo soli casus interponuntur, mortis et capitis deminutionis.* Cette énumération est incomplète : en effet, si la perte de la chose et le non-usage ne peuvent amener l'échéance de la restitution, puisque le quasi-usufruitier devenu propriétaire peut, à sa guise, consommer ou ne pas se servir, il y a d'autres modes d'extinction de l'usufruit qui entraîneront l'exigibilité de cette obligation. Par exemple : 1° l'arrivée du terme (très ordinairement le quasi-usufruit sera constitué à terme) ; 2° le défaut de droit du constituant sur la chose, car le propriétaire effectif ne serait pas obligé d'attendre l'échéance du terme convenu entre le constituant et le quasi-usufruitier, pour évincer celui-ci de l'objet qu'on n'a pu soumettre à un véritable droit de quasi-usufruit, puisqu'on n'a pu lui en transférer la propriété ; 3° la renonciation au bénéfice du terme.

Quant à la confusion, elle entraînera libération de l'obligation de restituer. Loin de diminuer le droit du quasi-usufruitier, elle ne fera que l'affermir ; supposé bien entendu qu'elle s'opère pour le tout en sa personne.

La perte de la chose ne libère pas le quasi-usufruitier de l'obligation de restituer, tandis qu'elle libérerait l'usufruitier véritable.

CHAPITRE IV.

PERTE DE LA CRÉANCE D'USUFRUIT.

76. Jusqu'à présent, nous avons en général supposé l'usufruit constitué à l'état de droit réel; supposons-le maintenant simplement dû, soit en vertu d'un legs *per damnationem* dont *dies cesserit* (autrement, il n'y aurait même pas créance), soit en vertu d'un contrat. La créance périra-t-elle par les mêmes modes que le droit réel d'usufruit?

77. D'abord, il n'est pas douteux que tous les modes généraux d'extinction des droits ne lui soient applicables; ainsi, elle sera paralysée par la confusion; elle s'éteindra :

1° *Ipso jure*, par la *capitis deminutio* du titulaire; par la perte de la chose; par la renonciation, sous forme d'acceptilation, lorsqu'il s'agira de créance résultant d'un acte de droit strict, ou sous quelque forme que ce soit, lorsque la créance résultera d'un contrat de bonne foi.

2° *Exceptionis ope*, par la remise purement conventionnelle, quand la dette résultera d'un testament ou d'un contrat de droit strict;

Mais, en outre, elle périra par les modes spéciaux de perte des créances;

C'est-à-dire : par paiement (constitution du droit réel dans l'espèce);

Par novation;

Par mutuel dissentiment (s'il s'agit d'un contrat de bonne foi).

78. Périra-t-elle par tous les modes d'extinction de l'usufruit, sans exception? Les textes le disent : « Actio de usu- « fructu eisdem modis perit, quibus ususfructus. » (Fr. Va-tic., 46.)

Cette assimilation est trop étendue. Appliquée à la *cessio in jure*, et au non-usage, elle est fausse (au moins dans l'ancien droit, pour le dernier de ces modes). Fausse par rapport à la *cessio in jure;* car la *cessio in jure* ne pouvait se pratiquer pour les créances. Fausse par rapport au non-usage, car ce mode d'extinction ne s'appliquait pas aux actions personnelles, lesquelles étaient perpétuelles), ni par conséquent à la créance d'usufruit (Fr. Vatic., 46).

70. Toutefois, sur ce dernier point, des doutes s'étaient élevés. Justinien, dans la C. 16, C. *de usufruct.*, a décidé que la créance de l'usufruit se perdrait, aussi bien que l'usufruit même, par le non-usage.—Quel sera le délai de ce non-usage? Dumoulin soutient que la créance d'usufruit ne se prescrira comme les autres actions personnelles, que par trente ans. Il se fonde sur ce que Justinien a bien décidé que l'action personnelle *de usufructu* ne serait plus perpétuelle; mais, dit-il, s'il a fixé le terme de dix ou vingt ans pour l'usufruit, droit réel, il ne l'a pas fixé pour l'action personnelle. Donc, pour celle-ci, il faut se référer au droit commun sur la perte des obligations par prescription.

D'autres auteurs pensent que le délai de la perte est le même et pour l'usufruit et pour la créance. Cette opinion se fonde sur le texte de la C. 16, qui est ainsi conçue : « Non solum actionem de usufructu, sed et usumfructum, non ejus temporis passi sumus habere compendiosum interitum, sed nec non utendo amitti, nisi exceptio talis, quæ etiam posset vindicantem excludere..... » —Plusieurs commentateurs, à cette raison de texte, ajoutent la raison suivante (Azon, Bartole, Castillo de Solomayor) : L'usufruit, constitué comme droit réel, se perd par dix ou vingt ans. Pourquoi la simple créance serait-elle mieux traitée que le droit réel? — C'est là un argument qui nous semble inconsidéré. En effet, l'action pour réclamer une translation de propriété dure trente ans, et pourtant la propriété même est prescrite par dix ou vingt ans.

CHAPITRE V.

PERTE DE LA SIMPLE VOCATION A UN USUFRUIT.

80. Quand un usufruit a été légué et que *dies legati nondum cessit*, on dit que le légataire n'a qu'une vocation à l'usufruit. Les causes ordinaires de l'extinction de l'usufruit feraient-elles perdre à ce légataire son expectative?

1° La mort? oui (Fr. 3, *quand. dies legat.*).

2° La perte de la chose? également.

3° La confusion? oui; à moins qu'au jour où *dies legati cedit* la confusion n'ait cessé (Fr. 31, pr., *de usufr.*).

81. Mais il faut répondre négativement :

1° Pour la *capitis deminutio* (Fr. 1, *quib. mod.*).

2° Pour le non-usage; car il est impossible de faire grief à quelqu'un de ce qu'il n'use pas d'un droit qu'il n'a pas encore.

82. Nous avons vu, n° 27, qu'autrefois l'aliénation de l'esclave (et, par conséquent, le changement de propriétaire de cet esclave) faisait perdre l'usufruit qui lui avait été légué. Supposons qu'à un esclave héréditaire on lègue un usufruit avant l'adition de l'hérédité dans laquelle cet esclave est compris. Plus tard, l'héritier fait adition. L'esclave a changé de maître, puisque d'esclave de l'hérédité et par conséquent du défunt (*hereditas defuncti personam sustinet*), il est devenu esclave de l'héritier. Le legs d'usufruit qui lui a été fait par un tiers périra-t-il? Non, car *dies ususfructus non prius cedit quam hereditas adeatur; ce n'est qu'à l'adition d'hérédité, *cum quis jam frui potest*, qu'il est dû (Fr. 1, *quandò dies leg. ususfr. ced.*, § 2). Or, dès le moment de l'adition, l'esclave a appartenu à l'héritier. Il n'y a donc pas eu de mutation de propriété postérieure à l'ouverture du legs, et, par conséquent, le legs n'a pu périr par la *mutatio dominii* (Fr. 18, *quib. mod.*). Si au

lieu d'avoir été légué à l'esclave héréditaire, l'usufruit avait été par lui stipulé, il ne serait aucunement dû; la stipulation serait inutile, bien qu'en règle générale les stipulations de l'esclave héréditaire soient valables. La raison de cette nullité, c'est que *ususfructus sine persona esse non potest;* l'hérédité, qui n'est qu'une personne morale ne suffit pas; il faut une personne réelle, une personne physique pour exercer ce droit qui exige, avant tout, des faits. En matière de legs d'usufruit, *dies tantum cedit ab adita hereditate,* il est vrai, et, par conséquent, le legs d'usufruit fait à l'esclave héréditaire est valable. Mais c'est là une faveur exceptionnelle, une dérogation formelle à la règle que « *dies legati cedit a morte testatoris,* » dérogation motivée par la fréquence des legs d'usufruit. Pour les stipulations d'usufruit, au contraire, qui sont beaucoup plus rares, on n'a pas cru devoir déroger aux règles ordinaires d'après lesquelles « *dies stipulationis cedit a momento stipulationis* » Or, au moment de la stipulation, dans l'espèce, il n'y avait pas de personne physique pour exercer le droit qui en découlait. La stipulation est donc inutile.

La stipulation même conditionnelle d'usufruit par l'esclave héréditaire serait inefficace, parce qu'en matière de stipulation, la condition une fois accomplie, a un effet rétroactif, et que, par conséquent, pour juger de sa validité, on se reporte au jour où le contrat *verbis* a eu lieu.

DEUXIÈME PARTIE.

MOYENS D'OBVIER A LA PERTE FUTURE DE L'USUFRUIT.

83. Le constituant peut prévoir à l'avance les accidents susceptibles d'entraîner la perte de l'usufruit, et y parer par une modalité de la constitution. Cette modalité porte le nom générique de *repetitio.*

La *repetitio* peut être expresse ou tacite.

CHAPITRE PREMIER.

REPETITIO EXPRESSE.

84. La *repetitio* expresse est générale ou particulière. Par la première, le constituant a embrassé tous les cas de perte sous une expression générale ; il a dit par exemple : Chaque fois que l'usufruit sera perdu (*quoties amissus erit*), ou bien : quelque soit le mode d'extinction qui l'aura frappé (*qualicunque ratione amissus erit*), qu'il revive. Dans la répétition particulière, on prévoit certains cas spéciaux d'extinction, et on décide que l'usufruit y survivra ; par exemple, *quoties quis capite minutus erit.*

85. La répétitionparticulière n'a évidemment d'effet que pour les cas prévus.

Quant à la répétition générale, paralysera-t-elle tous les modes d'extinction, quels qu'ils soient ?

Reprenons les divers cas d'extinction de l'usufruit.

1° La mort. La clause générale de répétition ne fera pas survivre l'usufruit à la mort du légataire. Cependant le testateur pourrait arriver à paralyser même l'effet de la mort du légataire au moyen d'une répétition particulière faite en prevision de ce cas, c'est-à-dire en déclarant que l'usufruit se continuerait aux héritiers : *nisi forte heredibus legaverit* (Fr. 5, *quib. mod.*)

2° La *capitis deminutio.* La répétition générale prévoit ce cas (Fr. 3, *quib. mod. pr.*)

3° Le non-usage. Paralysé également. (Arg. du Fr. 28, *quib. mod.*)

4° La *cessio in jure.* Il semble que la répétition générale n'obvie pas à cette cause d'extinction de l'usufruit ; car le testateur n'a pu prévoir que les cas où le titulaire ne manifesterait pas formellement l'intention de perdre le droit.

5° La consolidation. Neutralisée par la répétition générale. Cette répétition sera très utile dans l'hypothèse de consolidation prévue par le Fr. 17, *quib. mod.*

6° La perte de la chose. Si la perte est totale, il n'y a pas moyen d'y remédier. Mais si elle n'est que partielle, la répétition aura-t-elle pour effet de faire subsister le droit sur les débris? Dans le cas de changement, ferait-elle survivre l'usufruit, sur la chose transformée ? Il nous semble que non. L'usufruit a été *repetitus*, il est vrai, mais il n'a été *repetitus* que sur l'objet tel qu'il se trouvait au moment de la constitution. Or, cet objet, dès qu'il a été altéré est censé et doit être entièrement perdu. Ainsi, l'usufruit ne subsisterait sur l'objet transformé, qu'au moyen d'une *repetitio* particulière. (Un résultat analogue serait, du reste, obtenu par une constitution d'usufruit à titre universel. — V. n° 83. — Fr. 34, § 2, *de usufr.*).

7° La cessation *ex antiqua causa* du droit de celui qui a fait la répétition. L'usufruit, dans ce cas, n'est pas conservé. En effet, le *repetens* ayant cessé d'avoir la propriété, à quel titre pourrait-il faire subsister au profit d'un tiers, l'usufruit comme droit réel sur la chose d'autrui? Tout au plus, pourrait-on dire que par la *repetitio*, il a entendu réserver, la cessation de son droit arrivant, une créance nouvelle d'usufruit sur la chose objet de ce droit, au profit du tiers ancien usufruitier.

8° Le temps ou la condition. On ne comprendrait guère que le testateur, en bornant l'usufruit à un maximum de durée, eût entendu en même temps le proroger au delà de ce maximum. Cela impliquerait contradiction.

Tout ce que nous avons dit de la *repetitio* générale peut être étendu à la *repetitio* tacite.

83. Il y a entre la répétition générale et la répétition particulière ces deux différences : 1° que la seconde ne s'applique qu'aux cas qu'elle a expressément prévus, tandis que la pre-

mière s'applique à la plupart des cas d'extinction; 2° que par la seconde on peut prévoir la perte de l'usufruit par mort, changement de la chose, cessation du droit du constituant, *cessio in jure*, que ferait l'usufruitier à un *extraneus* (dans l'opinion qui pense que suivant certains jurisconsultes romains la *cessio* faite à un *extraneus* entraînait déchéance du droit). Au contraire, la *repetitio* générale serait inefficace contre ces divers modes d'extinction.

Du reste, sauf ces deux points, les deux espèces de *repetitio* expresse sont assujetties aux mêmes règles.

87. La *repetitio* expresse s'applique avec effet à toute constitution d'usufruit. D'anciens commentateurs ont attaqué cette proposition. Suivant eux, la *repetitio* ne peut avoir d'effet qu'autant qu'il s'agit d'usufruit légué *in singulos annos*. Pour tout usufruit constitué sous d'autres modalités, elle serait inefficace. Ces auteurs se fondent sur le Fr. 23, *de usu. et usufr. leg.*, lequel dit : « Le testateur peut répéter l'usufruit, et l'empereur Antonin, en le permettant, a dernièrement décidé que pour que sa constitution fût applicable, il faudrait que le testateur eût *relégué in singulos annos*; » (*tunc tantum esse huic constitutioni locum, cum in singulos annos relegaretur*). Cujas ne peut admettre cette interprétation; et en effet l'usufruit légué *in singulos annos*, est censé *repetitus* : c'est un cas de *repetitio* tacite, comme nous le verrons plus tard. Or, le Fr. 23 peut-il vouloir dire : « La *repetitio expresse* est permise. Seulement Antonin ne l'a admise que si elle se combinait avec la *repetitio tacite*. » D'ailleurs, un texte de Gaïus (2, *de an. leg.*) nous prouve que sous Antonin, dont ce jurisconsulte est contemporain, la *repetitio* expresse était ajoutée efficacement à toute constitution d'usufruit, même non légué *in singulos annos*. Cujas propose donc de lire, au lieu de *tunc tantum* : *nec tantum*. Le sens serait : « Désormais la *repetitio* expresse est permise; car Antonin a déclaré dernièrement, que l'effet de la *repetitio* ne serait plus borné au seul cas de legs *in singulos*

annos, » c'est-à-dire en définitive : « La *repetitio* expresse est permise désormais ; donc la *repetitio* tacite ne sera plus la seule possible, » on le voit, Cujas suppose que, dans l'origine, la *repetitio* expresse était défendue, parce qu'elle semblait destinée à éluder le droit civil, qui ordonne l'extinction de l'usufruit *certis modis.* Mais, dit-il, même en ce temps, la *repetitio* tacite était possible parce que très-souvent le génie romain admet des dérogations tacites au droit civil, tandis qu'il prohibe les dérogations expresses : *expressa nocent, non expressa non nocent :* (Fr. 52, *de condit. et demonstr.*: Fr. 68, *de hered. inst.*). Suivant lui, Antonin, abrogeant cette distinction subtile, aurait permis la *repetitio* expresse aussi bien que la *repetitio* tacite.

Cette opinion a quelque chose d'étrange. La *repetitio* tacite ne peut produire d'effet, que parce qu'on y voit l'équivalent d'une *repetitio* expresse. Tel est le jour sous lequel un texte formel de Papinien (Fr. 2, § 1, *quib. mod.*) nous présente les choses. Un autre texte (Fr. 8, *de an. leg.*) pourrait nous porter à induire qu'à l'époque où Gaius écrivait son commentaire sur la loi Papia Poppæa, le legs d'usufruit *in singulos annos* n'eût pas encore été censé *repetitus,* tandis que Gaius ne met pas en doute l'efficacité d'une *repetitio* expresse apposée à toute constitution d'usufruit. On serait donc fondé à conclure que c'est la *repetitio* expresse qui a été admise la première, et qu'on en a par la suite étendu les effets à diverses clauses qui semblaient contenir l'intention de *repetitio.* La constitution d'Antonin, donnée un peu postérieurement au commentaire de Gaius sur les lois caducaires, ferait le premier pas dans cette voie d'extension. Le Fr. 23, *de usufr. leg.,* voudrait dire : « La *repetitio* expresse est permise par une constitution antérieure, et Antonin a étendu dernièrement cette constitution avec ses effets, à la constitution d'usufruit *in singulos annos.* Le mot *tantum* serait adjectif, se rapportant à *locum.* Il n'y aurait besoin, dans cette opinion, d'aucune correction au Fr. 23.

Dans le Fr. 3, *quib. mod.*, et 1, *quand. dies usufr.*, Ulpien ne ferait qu'étendre le rescrit d'Antonin, à des cas nouveaux de *repetitio* tacite, non prévus par cet empereur.

CHAPITRE II.

REPETITIO TACITE.

88. La *repetitio* tacite est nécessairement une *repetitio* générale. Aussi doit-on lui appliquer ce que nous avons dit de celle-ci.

La *repetitio* tacite peut résulter soit d'un legs *in singulos dies, menses, annos*, soit d'un legs fait *alternis annis*, soit d'un legs fait à temps ou jusqu'à l'arrivée d'une condition. On avait fini également par admettre qu'il y avait *repetitio* tacite dans le legs d'usufruit *quandiu vivet legatarius* (1) (Fr. 3, *quib. mod. pr.*). En effet, dans tous ces cas, il y a plusieurs usufruits: un premier, pur et simple comme le premier terme, d'autres conditionnels. Dans le legs *in singulos annos*, le legs de la première année est pur et simple, ceux des autres années sont conditionnels. Ils sont, disent les Fr. 4, *de an. leg.*; Fr. 1, § 16, *ad. leg. Falcid.*, et Fr. 11, *de an. leg.*, subordonnés à la condition *si vivat*. Or, dans les legs conditionnels d'usufruit, *dies cedit* à l'événement de la condition. Supposons donc l'usufruit de la première année perdu par un événement quelconque (sauf la mort, ou la perte de la chose), (L. 4, *de an. leg.*); le premier legs est bien perdu; mais les autres ne peuvent l'être, car *dies eorum nondum cessit*, et l'on ne peut perdre un droit qui n'est pas encore né. Ainsi, le legs de la première année

(1). Dans le legs d'*habitatio quoad vivet*, le Fr. 13, *de usufr. leg.* ne voit qu'*unum legatum*, soit que ce texte contienne une trace de la controverse dont les expressions du Fr. 3, *quib. mod.* nous font entrevoir l'existence, soit que les Romains aient regardé comme inutile de présumer la *repetitio* d'un droit sujet à un bien moins grand nombre de causes d'extinction que l'usufruit.

sera seul perdu. De même, si nous supposons un legs fait *in dies*, le legs du premier jour étant pur et simple, et celui des autres jours conditionnel, la perte arrivant le deuxième jour ne fera perdre que l'usufruit de ce jour, celui des suivants subsistera.

Il est à remarquer que l'habitude de léguer *in singulos annos, in menses, in dies*, n'était pas particulière à l'usufruit, et que cette modalité pouvait parfaitement s'appliquer à tout autre legs de redevances périodiques (Fr. 4 et 11, *de an. leg.*, Fr. 1, § 16, *ad. leg. Falcid.*; Fr. 10, *quand. dies leg. ced.*). Dans ce cas il y avait *plura legata*. Toutes les causes qui auraient influé sur la validité des legs devaient être examinées à chaque échéance, car à chaque échéance, il y avait un legs nouveau (Fr. 11, *de an. leg.*). — Donc, il fallait qu'à chaque échéance, le légataire fût capable de recueillir. Donc encore, si le legs avait été fait à un esclave qui, dans l'intervalle, changeât de maître, le legs de la nouvelle échéance appartenait au nouveau maître et non pas à l'ancien.

80. Prenons maintenant la clause *alternis annis* (jouissance de deux ans l'un). Cette clause, comme le legs *in singulos annos* présente *plura legata* (Fr. 13, *de usufr. leg.*; Fr. 2, § 1, *quib. mod.*; Fr. 28, *eod. tit.*; F. 1, *quand. dies leg. usufr. ced.*, *pr. in fine*). En conséquence, si le premier legs vient à s'éteindre, les autres continuent de subsister; le legs de la première année ou du premier jour seul est perdu. — Il n'en serait pas de même pour une servitude rustique, léguée *alternis annis*, il n'y aurait qu'*unum legatum* (Fr. 13, *de usufr. leg.*; Fr. 7, *quemadm. servit. amitt.*). «Aliud est (dit le Frag. 13), in «servitute aquæ et viæ; viæ enim servitus una est, quia «natura sui habet intermissionem.» — (Le Fr. 7, *quem. servit. amitt.*, tire du principe posé par le Fr. 13 *de usufr. leg.*, cette conséquence, qu'une servitude léguée *alternis annis*, peut se perdre par le non-usage, tandis que l'usufruit ne le pourrait (Fr. 28, *quib. mod.*). Quelle est la raison de cette différence? La voici, suivant nous : La disposition par laquelle on lègue

un usufruit *alternis annis* peut bien être considérée comme contenant *plura legata*, parce que, l'usufruit étant susceptible d'une constitution *ad tempus*, rien ne s'oppose à ce que le testateur divise un usufruit donné en plusieurs usufruits qui doivent se succéder les uns aux autres. Au contraire, les servitudes ayant une durée indéfinie, *causam perpetuam*, on ne peut les constituer *ad tempus*; une servitude ne peut être divisée par conséquent en plusieurs servitudes destinées à s'éteindre et à se remplacer successivement. Le legs de la servitude, sous quelque modalité qu'on la constitue, sera nécessairement un.

CHAPITRE III.

EFFETS DE LA *REPETITIO*. — EFFETS SPÉCIAUX DU LEGS D'USUFRUIT *ALTERNIS ANNIS*.

§ 1. — Effets de la *repetitio* en général.

91. La *repetitio* a, comme nous l'avons vu, un premier effet, celui de faire renaître l'usufruit perdu. Mais, comme ce premier usufruit s'est trouvé éteint, le nu-propriétaire pourrait, en droit, exiger l'exécution des obligations qui résultent de l'extinction de l'usufruit, et spécialement la restitution de l'objet qui y était soumis. Mais l'usufruitier, pour qui renaît un nouveau droit en vertu de la *repetitio*, pourrait repousser la demande en restitution par une exception de dol, et même il n'aurait pas besoin d'une exception, si, en fournissant la *cautio* usufructuaire, il avait eu soin de faire des réserves formelles qui auraient nécessairement tous les effets d'un pacte adjectice (Fr. 3, *usufr. quem. cav.*, § 2).

92. La *repetitio* d'usufruit laisse-t-elle intact le droit d'accroissement? Telle est la question que se posent les §§ 1 et 2

du Frag. 3, *quib. mod.*, et qu'ils résolvent affirmativement. Entre les §§ 1 et 2; il n'y a que cette différence : que le premier s'occupe du cas de répétition totale d'une des deux parts, tandis que l'autre ne s'occupe que d'une répétition partielle. Les deux textes sont relatifs à une *repetitio* qui ne prévoit que la *capitis deminutio*; mais il faut généraliser leur décision et l'étendre à toute *repetitio*, soit expresse, soit tacite.

Hypothèse du § 1er. — Un testateur lègue l'usufruit à Titius et à Mévius, et il le répète d'une manière totale pour Titius. Titius perd l'usufruit; mais il le reprend en vertu de la *repetitio*, tandis que Mévius conserve sa part en vertu du premier legs. Dans cette position, supposons que l'un des deux vienne à mourir, sa part accroîtra-t-elle au survivant? Oui, car, si par la *repetitio*, ils n'étaient plus conjoints *re et verbis*, au moins l'étaient-ils encore *re*, puisque la *repetitio* au profit de Titius comprenait l'usufruit tout entier.

Hypothèse du § 2. — Un testateur lègue l'usufruit à Titius et à Mévius; il le répète en faveur de Titius, mais non pour le tout, pour une partie seulement. Plus tard, *capitis deminutio* de Titius : premier accroissement au profit de Mévius pour la partie qui n'a pas été répétée au profit de Titius. Dans cette position, Titius vient à mourir; ce qui lui restait accroît à Mévius. Au contraire, si c'était Mévius qui vint à mourir, il n'y aurait pas accroissement total au profit de Titius, mais seulement accroissement partiel, ou plutôt non-décroissement dans la limite de ce que le concours de Mévius lui enlevait sur la part à lui répétée, car la *repetitio* lui a assigné une part déterminée, et, au delà de cette part, il n'est plus que *conjunctus verbis*; donc, pour cet excédant pas d'accroissement, mais retour à la nue-propriété. Par exemple, la *repetitio* a eu lieu au profit de Titius pour les trois quarts; Titius vient à perdre l'usufruit; seulement, comme il y a *repetitio* à son profit pour les trois quarts, il est encore *conjunctus* avec Mévius pour les trois quarts. Si donc, plus tard, celui-ci meurt, Titius n'aura que les trois quarts pleins, l'autre quart rentrera au nu-propriétaire.

Ce que nous avons dit de la persistance du droit d'accroissement, en cas de *repetitio*, ne s'applique pas dans toutes les hypothèses à la *repetitio* de l'usufruit légué *alternis annis*, mais seulement dans l'hypothèse où les deux légataires doivent jouir la même année, l'autre année étant réservée tout entière au nu-propriétaire. S'il s'agit d'un legs fait à deux personnes qui doivent jouir chacune une année consécutive, il y a bien legs *alternis annis*, mais il ne peut y avoir droit d'accroissement. Il n'y a pas ici *conjunctio re;* chacun, en effet, devait jouir une année différente ; dès le principe donc, des parts leur avaient été assignées. Il n'y a que *conjunctio verbis, conjunctio* insuffisante pour motiver le droit d'accroissement (Fr. 2, *quib. mod., in fine*).

93. Examinons les conséquences de la *repetitio* dans le cas de consolidation de l'usufruit en la personne de l'un ou de l'autre des usufruitiers. Si l'un des deux légataires de l'usufruit (Titius, par exemple) vient à acquérir la nue-propriété, la consolidation n'est que partielle. Celui des deux qui a conservé son droit, continue de jouir de la moitié de l'usufruit. Si, plus tard, Titius aliène la nue-propriété, son premier legs d'usufruit a été éteint, mais par la *repetitio* il revit. Le Fr. 34, *de usufr., pr. in fine*, fait l'application de cette décision à l'usufruit légué à deux personnes, *alternis annis*.

§ 2. Effets particuliers à l'usufruit alternis annis.

94. Fr. 2, *quib. mod.* Supposons un seul légataire de l'usufruit *alternis annis*. Il jouira de deux ans l'un ; l'année où il ne jouira pas, le nu-propriétaire aura la toute propriété.

Supposons deux légataires ; ils jouiront chacun une année. Lequel des deux jouira le premier, si le testateur ne l'a pas désigné positivement? Celui qu'il aura nommé le premier ; par exemple, s'il a dit : « que Titius et Mévius jouissent *alternis annis*, » ce sera Titius qui jouira en premier ordre (Fr. 34, *de usufr.*); c'est absolument le même système que celui qu'on suit, lorsqu'il s'agit de déterminer, parmi les esclaves affranchis en trop grand nombre contrairement à la loi *Fusia Caninia*, ou affranchis en fraude des créanciers, contrairement à la loi *Ælia Sentia*, quels seront libres, quels ne le seront pas. (Fr. 60 et 83, § 1, *de hered. instit.*, et Fr. *qui et a quib. manum.*) Si le testateur n'a pas nommé l'un des deux légataires avant l'autre, par exemple, s'il a dit : « je lègue l'usufruit *alternis annis* aux deux Mévius, » que décider? Il faudra que les deux usufruitiers s'accordent, ou autrement ils s'empêcheront réciproquement de jouir (Fr. 2, § 2, *quib. mod.*, et Fr. 34, *de usufr. pr.*) Mais, qui profitera de leur désaccord? le nu-propriétaire? Ce résultat est assurément juridique, mais il semble bien contraire à l'intention du testateur. Aussi serait-on peut-être fondé à dire que le juge prononcera (arg. Fr. 84, § 13, *de leg.* 1ᵉ), ou bien, qu'on tirera au sort (Fr. 23, § 17, *de fideic. libert.*).

TROISIEME PARTIE.

EXISTE-T IL D'AUTRES MODES DE PERTE.

95. Y a-t-il d'autres modes de perte que ceux dont nous avons fait précédemment la revue?

Le changement de propriétaire est-il une cause de perte de l'usufruit? Les Fr. 17, *de usufr.*, § 2; Fr. 44, § 5, *de usufr.*, et Fr. 19, *quib. mod.*, se sont crus obligés de répondre négativement. C'est que, dans un cas (celui de l'aliénation de l'esclave à qui l'usufruit a été légué), la *mutatio dominii* entraîne perte de l'usufruit, et que les jurisconsultes ont voulu éviter qu'on ne généralisât cette décision.

L'abus de jouissance ne fait pas perdre l'usufruit. (nº 45.)

L'usucapion, et même la *præscriptio longi temporis* n'entraînent pas par elles-mêmes l'extinction de l'usufruit à moins qu'il ne s'agisse d'un usufruit constitué postérieurement à l'époque où a commencé la possession de l'usucapant ou du prescrivant.

QUATRIÈME PARTIE.

CONSÉQUENCES DE L'EXTINCTION DE L'USUFRUIT.

§ I. — Restitution.

96. L'usufruit une fois éteint revient à la nue-propriété.

La *cautio* qu'a fournie l'usufruitier à son entrée en jouissance *committitur*. Cette *cautio* comporte deux chefs : 1º la jouissance en bon père de famille. Si l'usufruitier a dégradé l'objet soumis à l'usufruit, le nu-propriétaire obtiendra des dommages-intérêts par l'action *ex stipulatu*. Du reste, il n'est pas obligé d'attendre la fin de l'usufruit pour réclamer ces indemnités; il peut intenter l'action dès le moment du dommage causé (Fr. 1, § 5 et 6, *usufr. quem. car.*). 2º La restitution. L'usufruitier est quitte en rendant les corps certains non dégradés par son fait ou sa négligence. Quant aux choses fongibles, on fait une distinction : ou bien elles ont été estimées au commencement de l'usufruit, et alors l'usufruitier devra rendre le prix d'estimation, ou bien il n'y a pas eu d'estimation, et la restitution devra être de choses pareilles (Fr. 7, *de usufr. car. rer.*).

97. Si un usufruit a été donné en dot, comment le mari

le restituera-t-il? Il faut distinguer si l'usufruit que la femme a constitué en dot est un usufruit dont elle était titulaire (la nue-propriété appartenant à un tiers ou à son mari), ou, au contraire, si c'est un usufruit qu'elle a constitué sur un objet dont elle a la nue-propriété. De là, trois hypothèses :

98. *Première hypothèse.* — La femme a constitué en dot un usufruit qu'elle avait sur la chose d'un tiers. Cette constitution peut se faire de deux manières : ou bien la femme en personne a cédé l'exercice du droit, par exemple, au moyen d'une vente ou d'une location *uno nummo.* Alors elle a conservé le droit sur sa tête; si elle survit, elle reprendra la chose, et si le mari ou ses héritiers l'actionnent *ex empto,* elle les repoussera *ipso jure,* sans qu'il soit besoin d'exception, l'action *ex empto* étant de bonne foi. Ou bien c'est le tiers, débiteur de la femme qui a constitué l'usufruit en la personne du mari, *jussu mulieris.* Le véritable usufruitier alors, c'est le mari. Si donc le mariage se dissout par la mort du mari, ses héritiers ne pourront rien rendre à la femme, puisque par la mort du mari l'usufruit est éteint et fait retour à la nue-propriété. Si le mariage se dissout par le divorce ou par la mort de la femme, le mari devra restituer l'usufruit à la femme ou à ses héritiers. Comment s'y prendra-t-il? La *cessio in jure* étant inapplicable puisqu'elle ne peut être faite qu'au nu-propriétaire, on avait imaginé, pour remédier à cet inconvénient, plusieurs expédients : 1° le mari louera ou vendra fictivement l'exercice du droit à la femme (ou à ses héritiers) *nummo uno,* de sorte que le droit restera sur la tête du mari, et l'exercice en appartiendra à la femme; 2° Le mari pourra donner caution à sa femme de la laisser jouir elle et ses héritiers, tant qu'il vivra; 3° Il pourra céder l'usufruit au propriétaire, à condition que celui-ci en paiera le prix ou reconstituera le droit au profit de la femme (si le mariage s'est dissous par le divorce), ou de ses héritiers (si la dissolution

est le résultat de la mort de la femme) (87. *Solut. matrim.*).

99. *Deuxième hypothèse.* — L'usufruit apporté en dot par la femme est un usufruit qu'elle avait sur la chose de son fiancé. Le mari devient plein propriétaire en vertu de la consolidation. Si le mariage se dissout par la mort de la femme, les héritiers de celle-ci n'auront rien à réclamer, car tout usufruit cesse par la mort de l'usufruitier. Le mari garderait l'usufruit en qualité de propriétaire et non pas à titre de dot, de sorte qu'il ne serait pas obligé de contribuer aux funérailles de sa femme. Si le mariage se dissout par un autre mode, la femme pourra, au moyen de l'action *rei uxoriæ* ou *ex stipulatu*, forcer le mari ou ses héritiers à lui reconstituer l'usufruit.

100. *Troisième hypothèse.* — La femme a constitué en dot un usufruit sur son propre fonds. La femme ou ses héritiers peuvent exiger que le mari leur fasse cession de cet usufruit, si le mariage finit par le divorce ou par la mort de la femme. S'il finit par la mort du mari, cette mort mettra naturellement fin à l'usufruit. De même, si le mari, *durante matrimonio*, a perdu cet usufruit *non utendo*, la femme, à la dissolution du mariage, n'aura rien à réclamer, puisque dès le moment de la perte par non-usage, elle est redevenue pleine propriétaire. Si la femme avait aliéné la nue-propriété *deducto usufructu*, avant que son mari eût perdu le droit par non-usage, ce non-usage ne profiterait pas à la femme, et dès lors celle-ci pourrait réclamer à son mari l'équivalent de l'usufruit (§ 2, Fr. 78, *de jure dot.*), ou même, en cas d'insolvabilité de son mari, forcer l'acheteur à reconstituer la servitude personnelle (Arg. des FFr. 5, 6 et 7, *de fund. dot.*). La femme peut contraindre son mari à restituer l'usufruit à qui de droit, quand bien même cet usufruit devrait être restitué, non pas à elle, mais à un tiers. En effet, elle a pu vendre la toute-propriété et n'avoir livré que la nue-propriété, puisque l'usufruit est

à son mari; ou bien elle n'a vendu que la nue-propriété, mais en convenant avec l'acheteur qu'il lui donnerait le prix de l'usufruit quand elle le lui ferait parvenir; ou bien, même sans convention de cette nature, elle espère obtenir un prix de lui, en offrant de lui procurer ce droit; ou enfin, elle peut vouloir faire parvenir la pleine propriété à l'acheteur, par esprit de bienfaisance pour lui (*beneficio*), ou bien par haine contre son mari, que le divorce a fait son ennemi (Fr. 78, § 2, *de jure dot.*).

101. Supposons que la femme ayant constitué en dot à son mari un usufruit sur son propre fonds, lui vende la nue-propriété durant le mariage. La consolidation s'opère alors. La femme aura-t-elle, à la fin du mariage, le droit de réclamer un indemnité? Oui et non. Oui, si dans la vente on n'a eu égard qu'au prix de la nue-propriété, sans y comprendre aussi celui de l'usufruit. Non, si le mari a payé un prix correspondant, non-seulement à la valeur de la propriété, mais encore à celle de l'usufruit; ou même dans le cas où la nue-propriété seule a été prise en considération, si le mari meurt *ante litem contestatam*. En effet, la mort du mari usufruitier mettant fin à l'usufruit, cet usufruit revenait tout naturellement à la nue-propriété (dans l'espèce aux héritiers du mari, lesquels, par conséquent, n'auraient pas à payer la valeur d'un droit qui n'existe plus), et cela arriverait, quel que fût le nu-propriétaire, lors même que la femme aurait vendu le fonds, non à son mari, mais à un tiers, ou bien qu'elle l'aurait gardé. Dans le premier cas, la consolidation aurait lieu, par la mort du mari, au profit de l'acheteur, et la femme n'aurait rien à imputer à son mari ou aux héritiers de celui-ci, puisque le droit constitué en dot serait éteint par sa fin naturelle, sans aucun fait reprochable. Dans le deuxième cas, la femme restant nue-propriétaire, la consolidation lui profiterait. Si le mari mourait *post litem contestatam*, ses héritiers seraient

tenus de payer le prix de l'usufruit, en vertu de l'obligation perpétuelle et transmissible aux héritiers que produit la *litis contestatio*, alors même que l'obligation qui a donné lieu à l'action eût été de nature à s'éteindre par l'expiration d'un délai ou par la mort du plaideur.

§ II. — Distribution des fruits.

102. Les fruits naturels, encore pendants, quoique mûrs, à la fin de l'usufruit, appartiennent au nu-propriétaire (Fr. 8, *de an. leg.* in fine ; Fr. 13, *quib. mod.* ; § 36, Inst., *de rer. divis.* ; Fr. 25 et 35, *de usuris*); car l'usufruitier ne devient propriétaire des fruits que par la perception, et même il faut qu'il les ait perçus en personne, ou par un représentant, à la différence du possesseur de bonne foi (Fr. 12 et 81, *de usufr.*), de sorte que, si les fruits ont été détachés par un voleur, ce n'est pas l'usufruitier, mais le propriétaire qui aura la *condictio furtiva* (1).

103. Du reste, pour que les fruits appartiennent à l'usufruitier, il suffit qu'ils soient détachés, bien que non encore consommés ou transformés : « *Labeo ait fructum percipi, spica aut fœno cæso, aut uva adempta, aut excussa olea ; quamvis nondum frumentum aut oleum, vel vindemia coacta sit* » (F. 13, *quib. mod. usufr.*).

104. Cujas avait prétendu que, quant à l'attribution des fruits naturels, la règle était la même pour l'usufruit ordinaire que pour celui du mari sur la dot ; que, par conséquent, les fruits naturels mêmes se divisaient entre l'usufruitier et le nu-propriétaire au prorata du temps qu'a duré pendant la dernière année la jouissance de l'usufruitier. Les textes que

---

(1) Toutefois, en cas de vol, bien que le nu-propriétaire devienne immédiatement propriétaire des fruits, ceux-ci appartiendront à l'usufruitier du moment qu'il les aura appréhendés. Le droit du propriétaire sur les fruits détachés par un voleur, n'est donc qu'un droit intérimaire, semblable à celui qu'a l'héritier, sur l'objet légué sous condition (Fr. 12. § 5, *de usufr.*).

avons cités, disent bien, suivant lui, que les fruits pendants à la fin de l'usufruit appartiennent au nu-propriétaire, mais ils ne disent pas qu'ils lui appartiennent sans charge d'indemnité. Or, ce qu'ils ne disent pas est sous-entendu par eux, selon Cujas.

Ce système fut combattu par Jean Robert, avec lequel Cujas, sous le nom de Antonius Mercator, eut des discussions peu courtoises (les deux champions se prodiguent des épithètes empruntées au vocabulaire des halles ; mais il faut reconnaître, à la honte du siècle, que si Cujas l'emporte généralement en science, il a aussi sur son adversaire une supériorité marquée en matière d'invectives. Du reste, l'opinion de Jean Robert était la seule admissible d'après les idées romaines. Les jurisconsultes romains faisaient en effet une différence entre la situation du mari et celle de l'usufruitier. La jouissance de la dot n'est donnée au premier que pour le défrayer des charges du mariage. On comprend que les fruits doivent lui être attribués dans la proportion du temps pendant lequel il a eu à supporter les *onera matrimonii*. Il serait injuste, si le mariage finit avant la perception des fruits naturels, de priver complétement de ceux-ci le mari qui a, de ses deniers, comblé une partie des dépenses que ces fruits étaient destinés à couvrir. Au contraire, les fruits de l'objet soumis à un usufruit ordinaire ne correspondent à aucune charge extrinsèque. Ils ne sont pas attribués à l'usufruitier comme équivalents d'une impense spéciale qu'il serait obligé de faire, mais uniquement comme la conséquence du droit pur et simple qu'il a de jouir. Tant pis donc pour lui, si la perception n'a pu avoir lieu en temps utile; les fruits pendants appartiendront au nu-propriétaire.

105. Quelle décision donner quant aux fruits civils ? D'après la plupart des commentateurs, et notamment Doneau, ces fruits se partageraient entre le nu-propriétaire et l'usufruitier. Dans quelle proportion ? Il faudrait faire une distinction

entre les fermages des biens ruraux, et les autres fruits civils. Les premiers *se partageraient*, en proportion de la quantité de récolte effectuée au moment où finit l'usufruit; les autres au prorata du temps.

106. Il nous paraît impossible, quant à nous, d'admettre *le principe d'un partage entre l'usufruitier et le nu-propriétaire*, au moins pour les fruits civils résultant d'un contrat de location intervenu entre l'usufruitier et un tiers; car ce contrat est une opération à laquelle le nu-propriétaire est complétement étranger, et aux bénéfices de laquelle il ne peut par conséquent participer. Seulement, comme la location est à son égard *res inter alios acta*, il peut, à la fin de l'usufruit, expulser le preneur et jouir en nature.

Pour les intérêts des créances, il est vrai, il y a réellement partage (nous entendons parler des créances non remboursées au moment où s'éteint l'usufruit). Mais c'est que la créance ici, résulte d'un contrat émanant du constituant même, et dont par conséquent les héritiers de celui-ci peuvent réclamer le bénéfice une fois que le mandat de toucher les intérêts, mandat qui n'est que le corollaire et la mise en œuvre du quasi-usufruit, a été enlevé au quasi-usufruitier par l'extinction de son droit.

Il y a bien encore partage du prix de la location des *operæ servi*, consentie par l'esclave même. Mais un tel résultat est dû à ce motif particulier que, si l'esclave acquiert à l'usufruitier *ex re fructuarii aut ex operis suis*, tant que dure l'usufruit; d'autre part, il peut, *ex omni causa*, acquérir au maître. (Dans ce cas même le partage n'est pas forcé, mais simplement possible, puisque l'esclave n'ayant pas le droit d'obliger son maître, celui-ci, au lieu de consentir à la continuation de la location, pourrait expulser le preneur.)

Enfin, en prenant l'hypothèse d'une location ordinaire, par l'usufruitier même, on pourrait concevoir que le propriétaire, en exigeant de l'usufruitier, par une *actio utilis negotiorum gestorum*, la cession de son *actio locati*, participât au béné-

tice de la location , et par conséquent eût droit à une certaine partie du loyer. Mais toujours est-il que si le propriétaire n'agit pas de la sorte, il n'y aura pas partage de fruits civils.

107. Ainsi, suivant nous, le principe d'un partage de fruits civils entre le nu-propriétaire et l'usufruitier ne sera vrai que pour les intérêts des créances et le prix des *operæ* loués par l'esclave. Le prix des locations consenties par l'usufruitier même, ne pourra appartenir qu'à lui seul.

108. Il s'agit maintenant de déterminer la part qui reviendra, dans tous les cas , à l'usufruitier. S'il s'agit de fruits civils susceptibles de partage , la distribution se fera au prorata du temps. Ainsi, si l'usufruit finit le 1er septembre, les intérêts et le prix de location des *operæ* échus à cette époque appartiendront à l'usufruitier; ceux à échoir postérieurement reviendront au nu-propriétaire ; pour les fruits auxquels l'usufruitier seul peut prétendre, il n'y aura droit que dans la mesure de jouissance qu'il aura procurée au preneur, c'est-à-dire proportionnellement soit à la quantité de récolte ou d'ouvrages déjà effectués s'il s'agit de biens ruraux, ou de location des *operæ ad certum opus*, soit au temps qu'a duré l'usufruit, s'il s'agit de toute autre chose. La part du prix correspondante aux récoltes non perçues (s'il s'agit de biens ruraux), ou à l'époque qui suit l'extinction de l'usufruit (dans tout autre cas) sera retenue par le locataire, dont la jouissance cesse avec le droit de l'usufruitier.

109. *Appendice.* — Nous admettons comme certain que les fruits civils, autres que les fermages, sont acquis à l'usufruitier au prorata de la durée de l'usufruit. Cependant, certains textes, relatifs à la location des *operæ*, consentie par l'esclave même (Fr. 25, § 2, *De usuf.*, et 18, § 3, *De stipulat. serv.*) semblent indiquer pour les fruits civils dus à l'usufruitier à raison de cette opération juridique, une autre base d'attribution que des auteurs ont cru devoir appliquer analogiquement à tous les fruits civils, à l'exception des intérêts des créances. Dans ce système, voici comment on interprète

les fragments en question : Si la location des *operæ* a été faite par l'esclave pour plusieurs termes et si un prix a été stipulé pour chaque terme, la stipulation de cet esclave contient autant de stipulations distinctes qu'il y a de termes prévus, et le bénéfice de chacune de ces stipulations spéciales est acquis à l'usufruitier dès le premier moment du terme auquel elle se réfère. Par exemple, la location a été faite à tant par an ; une fois l'année commencée, le prix intégral de toute l'année est dû. Si la location avait eu lieu à tant par mois, il suffirait, pour que le prix du mois fût dû, que le premier jour de ce mois fût arrivé.

Il faut avouer que ce système ne cadrerait guère avec les principes du louage, principes du reste nettement retracés par les fragments 9 *locati* et 26 *de l'usufr.* pour l'acquisition du prix de location des maisons, et même des *operæ servorum.* Il amènerait d'ailleurs nécessairement à induire qu'il y avait, dans la matière, controverse chez les jurisconsultes romains, ce qui selon nous n'était pas. Les textes en question, sainement interprétés, ne nous paraissent que confirmer au lieu de le battre en brèche l'avis que nous avons adopté (n° 103). Le premier de ces fragments se réfère au cas où l'extinction de l'usufruit coïncide avec la fin d'une année ; rien d'étonnant dès lors que l'usufruitier ait droit au loyer de toute l'année, et que le prix des années suivantes seules appartienne au nu-propriétaire. Les termes mêmes du Fr. 25, *de usufr.* repoussent l'interprétation que nous combattons. Ce fragment, en effet, déclare que la décision qu'il donne est une exception au principe d'après lequel la stipulation ne peut passer d'une personne à une autre : « Quamvis non soleat stipulatio, semel cui adquisita, ad alium transire. » Or, si Ulpien admettait la division de la stipulation en autant de stipulations distinctes qu'il y a de termes exprimés, il serait faux de dire que, dans le cas prévu, *stipulatio ad alium transit.*

Quant au fragment 18, § 3. *de stipul. servor.*, il commence

par poser nettement notre système. « Cum servus fructuarius,
(dit-il), operas suas locasset et eo nomine pecuniam in annos
singulos dari stipulatus esset, finito fructu domino residui
temporis adquiri stipulationem Julianus scriptum relinquit.»
Le jurisconsulte a dit : *stipulationem residui temporis*, et non
pas : *sequentium annorum*. La traduction la plus naturelle
est celle-ci : « Le prix du loyer de tout le temps postérieur
à l'extinction de l'usufruit appartiendra au nu-propriétaire. »
Seulement les défenseurs du système que nous rejetons prétendent que la suite du fragment 18 exige une interprétation
différente de la nôtre. Commençous donc par transcrire le reste
du fragment : « Quæ sententia mihi videtur firmissima ratione
subnixa; nam si in annos forte quinque locatio facta sit, quo-
niam incertum est fructus in quem diem duraturus sit, sin-
gulorum annorum initio cujusque anni pecunia fructuario
quæreretur : secundum quæ non transit ad alterum stipulatio,
sed unicuique tantum adquiritur, quantum ratio juris per-
mittit ; nam et cum idem servus ita stipuletur : quantam pecuniam intra illum diem dedero, tantum dare spondes? in
pendente est quis ex stipulatu sit habiturus actionem : si enim
ex re fructuarii, vel operis suis pecuniam dederit, fructuario,
si vero aliunde, domino stipulatio quæretur. » Voici le sens
que nos adversaires prêtent à la première partie de ce passage :
« Cette décision est fondée sur une raison bien solide. Si, par
exemple, la location a été faite pour cinq ans, comme la durée
de l'usufruit est incertaine, le prix de l'année sera acquis
à l'usufruitier au commencement de l'année, etc. » Cette traduction nous semble inadmissible. En effet, le jurisconsulte,
par les mots : « Firmissima ratione subnixa : nam si......, »
fait entrevoir qu'il va entamer une démonstration. Or, d'a-
près nos adversaires, ce ne serait pas une argumentation,
mais tout simplement un exemple qui suivrait. Ils passent
d'ailleurs, sous silence, dans leur traduction, le mot *nam*,
qui cependant nous semble important, puisqu'il indique

un motif de la décision donnée; de plus, ils traduisent la phrase comme s'il y avait : « pecunia fructuario *quæretur*, » tandis que le texte porte : *quæreretur*. Si Papinien avait voulu donner la décision comme certaine, il aurait employé le futur, ainsi qu'il l'a fait d'ailleurs dans la fin du même fragment : « Si vero aliunde, domino stipulatio *quæretur*. »

La traduction suivante nous paraît beaucoup plus exacte : « Cette décision me semble fondée sur une raison bien solide. Si on décidait autrement, en effet, il faudrait, dans le cas de location consentie pour cinq ans par exemple, comme on ne sait d'avance jusqu'à quelle époque l'usufruit doit durer, il faudrait admettre que le prix de toute l'année serait acquis dès le commencement de chaque année à l'usufruitier. Nous ne disons pas d'ailleurs que la stipulation passe d'une personne à une autre, mais seulement qu'elle est acquise à chacun dans la mesure du droit. C'est ainsi, en effet, que, si le même esclave fait la stipulation suivante : « Promettez-vous de me donner tant, en échange de somme égale que je vous remettrai d'ici à telle époque? » le bénéfice de l'action *ex stipulatu* sera en suspens. Il appartiendra à l'usufruitier si l'argent provient des *operæ* de l'esclave ou de la chose de l'usufruitier; au nu-propriétaire, si cet argent provient d'une toute autre source. »

Voici donc, suivant nous, la suite du raisonnement : « L'usufruit une fois éteint, le loyer des *operæ* pour tout le temps postérieur appartiendra au nu-propriétaire, dit Julien. Cette décision est inattaquable. Si on ne la donnait pas, en effet, que pourrait-on dire? Que le prix total de chaque année serait acquis à l'usufruitier dès le commencement de l'année? Mais ce système est opposé aux principes fondamentaux du louage : on doit le repousser. Reste donc la décision de Julien. Qu'on ne dise pas qu'elle est contraire à la règle que : « stipulatio cui adquisita, non ad alium transit. » Non, la stipulation ne passe pas d'une personne à une autre; mais, dès l'origine, elle est en suspens, pour être acquise, soit à l'usufruitier, soit au propriétaire, dans la mesure de ce que chacun d'eux fournira au locataire comme équivalent du prix de loyer. Ainsi, une fois l'usufruitier mort, le prix du temps postérieur ne peut appartenir qu'au nu-propriétaire, parce que, dès ce moment, les *operæ* de l'esclave sont sa chose, et que c'est sa chose, par conséquent, qui procure au locataire l'équivalent du loyer. C'est ainsi que, si un esclave stipulait d'un emprunteur la restitution d'une somme d'argent qu'il ne lui aurait pas encore fournie, le bénéfice de l'action *ex stipulatu* serait en suspens. Si la somme prêtée était tirée des *operæ* mêmes de l'esclave ou du bien de l'usufruitier, la stipulation appartiendrait à l'usufruitier ; dans le cas contraire, elle appartiendrait au nu-propriétaire. »

A notre avis donc, les jurisconsultes romains sont unanimes pour décider que le loyer des *operæ* louées par l'esclave se partage entre l'usufruitier et le nu-propriétaire sur la base que nous avons indiquée, soit que les uns, comme Julien et Papinien, n'osant pas encore dire qu'il y a passage de la stipulation d'une personne à une autre, se contentent de soutenir que, dès l'origine, le bénéfice de la stipulation est *in pendente*, pour être acquis à chacun dans les mesures de la jouissance qu'il aura procurée ; soit que d'autres, comme Ulpien, écrivant à une époque postérieure où l'on est plus habitué à voir opérer des cessions de créances, commencent à ne plus regarder comme aussi essentiel le principe suivant lequel : « *Non solet stipulatio, semel cui adquisita, ad alium transire,* » et n'hésitent pas à admettre que, dans le cas spécial qui nous occupe, il y a déplacement et transmission véritables de la stipulation.

DROIT FRANÇAIS.

ANCIEN DROIT.

110. Le système du droit romain a subi peu de modifications dans notre ancien droit français. Nous ne ferons donc pas un chapitre spécial pour les transformations qui ont pu s'opérer. Ces transformations ne sont pas assez importantes. Nous nous bornerons à les exposer, sous chaque mode d'extinction, en traitant du droit du Code Napoléon.

Nous ferons remarquer seulement que ces transformations, en général, proviennent de l'admission de plusieurs usufruits spéciaux établis par les coutumes ou permis par elles, et qui n'existaient pas en droit romain (usufruit de la douairière, et du donataire mutuel, c'est-à-dire du survivant des époux).

DROIT DU CODE NAPOLÉON.

TITRE PREMIER.

DES MODES D'EXTINCTION EN EUX-MÊMES.

111. L'usufruit est, de sa nature, un droit essentiellement temporaire, borné à une ou plusieurs personnes déterminées ; il rend, pendant un certain espace de temps, la propriété inerte et presque sans aucun profit pour le propriétaire. L'existence de cette charge est en même temps un obstacle aux améliorations. L'usufruitier n'a qu'une obligation : rendre la chose en bon état, à l'expiration de sa jouissance. Comment dès-lors attendre de lui des dépenses, des modifications qui répondent aux divers progrès industriels, et qui augmentent la valeur de la chose? Les innovations lui sont défendues et la loi lui refuse indemnité en cas d'amélioration. Sera-t-il assez bienveillant pour sacrifier un capital qui doit profiter à un autre? Pour le seul amour du bien public, l'usufruitier d'un fonds situé en Sologne ou dans les Landes ira-t-il faire ce raisonnement : le terrain sur lequel porte mon usufruit est livré à un mode vicieux d'exploitation ; il faudrait dessécher tel ou tel marécage, transformer cette partie aride en un sol fertile, au moyen d'irrigations habilement pratiquées ; cette partie du domaine est trop éloignée de la ferme ; il faudrait y établir des bâtiments spéciaux. Si je le fais, le temps de ma jouissance étant nécessairement borné, la dépense va dépasser l'augmentation de revenu qu'elle me procurera. Je ne puis, en vertu de l'art. 599, m'attendre à aucune indemnité de la part du nu-propriétaire, soit ; mais j'aurai eu le plaisir d'augmenter la masse de sol labourable et la quantité de production ; j'aurai été assez heureux pour donner le bon exemple à mes voisins, et pour leur indiquer les moyens de se procurer une somme plus grande de bien-être matériel. N'est-ce pas là un salaire suffisant de mes dépenses? » Des projets aussi philanthropiques sont trop nobles pour qu'on puisse en espérer la réalisation. D'ailleurs, rarement l'usufruitier aura des ressources suffisantes pour se les permettre. L'existence de l'usufruit est donc tout à la fois une gêne pour la propriété, une entrave aux améliorations, et le législateur a eu raison de multiplier les causes d'extinction de cette servitude, de ne pas se contenter, dans la matière présente, des modes ordinaires de perte des droits, et d'en ajouter plusieurs nouveaux.

112. L'usufruit se perd donc, soit par les modes ordinaires,

comme les autres droits, soit par des modes qui lui sont spéciaux.

I. Dans la première catégorie des modes d'extinction de
l'usufruit, on peut ranger : 1° la perte de la chose; 2° l'expiration du temps ou l'arrivée de la condition résolutoire; 3° la
résolution des droits du constituant ; 4° la résolution du titre;
5° la prescription ; 6° la consolidation ; 7° la constitutif;
renonciation ; 8° la mort civile.

II. Les modes spéciaux sont : 1° le non-usage pendant
trente ans ; 2° la mort de l'usufruitier ; 3° l'abus de jouissance.

SECTION I.

MORT NATURELLE.

113. L'usufruit s'éteint par la mort naturelle de l'usufruitier, de quelque manière qu'elle arrive, par accident, par sui-
cide. Mais, que décider si elle est le résultat d'un crime commis par le nu-propriétaire lui-même? On serait porté à dire
que l'usufruit dans ce cas ne devrait pas être éteint, ou
du moins à permettre aux juges de le faire revivre pour tout
le temps qu'eût probablement duré la vie naturelle de l'usufruitier ; car il y a quelque chose de honteux, d'immoral à
laisser l'assassin jouir des dépouilles de sa victime, et d'ailleurs
l'indemnité la plus naturelle du dommage que le propriétaire
a causé et qu'il est tenu de réparer en vertu de l'art. 1381,
serait de rétablir autant que possible la situation normale, de
rendre à l'usufruit la durée qu'il aurait eue sans le crime du
nu-propriétaire. Mais il faut bien reconnaître que nulle part
la loi ne confère au juge la faculté de maintenir ou de constituer l'usufruit après la mort de l'usufruitier, et, pourtant, ce
ne serait pas trop d'une disposition formelle pour établir un
pouvoir aussi excessif. A notre avis les tribunaux devront

donc se borner à faire entrer la valeur approximative de l'usufruit dans le montant des dommages-intérêts auxquels ils
condamneront le nu-propriétaire.

114. Nous disons qu'en règle générale, la mort de
l'usufruitier amène nécessairement l'extinction de l'usufruit, à quelque époque qu'elle arrive, fût-ce même quelques
jours seulement après que l'usufruit a été acquis au titre onéreux. L'art. 1975 donne, il est vrai, une solution différente
pour le cas de rente viagère, et, à raison de la grande identité
de situation qui existe entre l'usufruitier et le créancier d'une
rente viagère, on pourrait être tenté d'accorder au premier
le même bénéfice qu'au second. Nous refusons d'admettre
cette assimilation, et, sous ce rapport, nous sommes de l'avis
de presque tous les jurisconsultes. L'un d'eux (M. Demolombe)
donne pour motifs de la décision à laquelle nous adhérons,
que le texte de l'art. 1975 prévoit exclusivement le cas de
rente viagère, et est d'ailleurs fondé sur des considérations
particulières à cette espèce de droit. Selon cet auteur, le contrat
de rente viagère est essentiellement aléatoire. Sans *alea*, il ne
peut se former, et c'est pour cela que si le crédit-rentier
meurt dans les vingt jours d'une maladie dont il était déjà
atteint au moment de la constitution de la rente, le contrat
est nul, parce que les chances de perte pour le débitenr
étaient si faibles qu'il n'y avait réellement point d'*alea*.

Mais ces motifs ne sont-ils pas également applicables à la
constitution d'usufruit? L'usufruit n'est-il pas, comme la
rente viagère, un droit essentiellement viager? la longueur de
sa durée n'est-elle pas chose essentiellement incertaine, et dès
lors la constitution d'usufruit n'est-elle pas un contrat vrai-
ment aléatoire? Selon nous, si l'on n'applique pas à l'usufruit
les mêmes principes qu'à la rente viagère, cela tient à ce que
les règles de l'usufruit ont été empruntées par le législateur
français au droit romain, et que celles de la rente viagère
ont été puisées dans les coutumes.

115. La mort est une cause d'extinction de l'usufruit qui appartient à des personnes physiques. Quant à l'usufruit, constitué en faveur d'une personne morale, il serait de nature à avoir une durée des plus longues ; car il est fort rare qu'un être juridique cesse d'exister ; aussi, comme nous le verrons dans la section III, la constitution de cette espèce d'usufruit est-elle toujours censée faite à temps (pour trente années). Il est bien entendu que si avant les trente ans expirés, l'existence de l'être moral vient à cesser, si par exemple, la société commerciale se dissout, si la ville est détruite, si l'autorisation donnée à l'établissement de bienfaisance est révoquée...., l'usufruit fait retour à la nue-propriété.

SECTION II.

MORT CIVILE.

116. La mort civile était aussi une cause d'extinction de l'usufruit. Elle a été supprimée par la loi du 31 mai 1854, et remplacée par la dégradation civique et l'interdiction légale. Or aucun de ces deux états n'emportant l'extinction de l'usufruit, l'individu qui y est soumis continue à jouir de l'usufruit (son tuteur exerçant pour lui ce droit). Voila pour la période postérieure au 31 mai 1854. Mais, supposons un usufruit constitué avant cette époque, et l'usufruitier condamné aux travaux forcés à perpétuité le 30 mai 1854 ; son usufruit a cessé, car la loi de 1854 respecte les droits acquis aux tiers (art. 5).

La suppression de la mort civile rend inutiles, pour l'avenir, plusieurs questions qu'on se posait antérieurement. Mais ces questions ont encore un intérêt historique et rétroactif. Aussi ne les passerons-nous pas sous silence.

§ I. — Droit ancien.

117. La jurisprudence française ancienne attribuait à la mort civile, entre autres effets, celui d'entraîner la perte de l'usufruit. Seulement, on se demandait : 1° si celui qui entrait dans les ordres perdait l'usufruit qu'il pouvait avoir acquis auparavant ; 2° si l'usufruit perdu par la mort civile pour le condamné, devait faire retour immédiatement à la nue-propriété, ou ne devait pas plutôt changer simplement de bénéficiaire, pour ne s'éteindre définitivement qu'à la mort naturelle du condamné.

118. Sur la première de ces questions, deux systèmes :

Premier système. — Celui qui prononce ses vœux est exclu de toute succession à échoir, comme s'il était décédé, et il peut disposer de sa propre succession (cout. de Paris, 337 ; du Maine, 267 ; d'Anjou, 249 ; de Tours, 296 ; du Poitou, 287 : de Loudun, ch. 29, art. 1). Donc il a éprouvé une espèce de mort civile, et l'usufruit qui lui appartenait ne doit pas passer à son monastère, mais faire retour à la nue-propriété (Ferrier, sur la décis. 595, de Guy P. ; Dupineau, sur l'art. 249 de la cout. d'Anjou ; Jurispr. du parlement de Rouen ; Bérault, sur la cout. de Norm., art. 273 : Renusson, du douaire, chap. 12, n°s 51, 52; Fachinée, controv , lib. 6, cap. 12).

Deuxième système. — Il n'est pas vrai que les religieux doivent être regardés comme tout à fait mort civilement. En effet, par le droit ils pouvaient hériter et même anciennement tester. Et quoique cela leur eût été prohibé pour raisons politiques, leur état n'en a pas été changé. Certainement ils conservent *et libertatem et civitatem*. Ainsi, c'est improprement qu'on les regarde comme morts civilement. S'ils passent pour morts, c'est *theologice potius quam civiliter* (Héraldus). donc l'usufruit qu'ils possèdent ne s'éteindra point, mais passera à leur monastère tout le temps de leur vie naturelle (arrêts du parlement de Bourgogne, 15 janvier 1638 et 10 février 1622 ; Cujas; Basnage, cout. de Norm., § 140 ; Bouthier, chap. 45 des observations sur la coutume de Bourgogne ; arrêts des parlements de Paris et de Bordeaux ; Bretonnier sur Henrys, t. IV, p. 263 ; Mornac, *in const. 16 C. de usufr.*; Dumoulin, *in ant. cons. Paris. § 41, n° 82*). D'ailleurs le premier système prêterait à la fraude : Un individu, possesseur d'usufruit, pourrait, à l'aide de cet usufruit, inspirer de la confiance, emprunter de l'argent, puis frustrer son créancier en prononçant les vœux monastiques.

Aujourd'hui cette controverse n'a plus de raison d'être. La loi ne reconnaît plus la validité des vœux perpétuels. Les religieux conservent à tous égards leur existence civile. Donc, ils gardent jusqu'à leur mort l'usufruit qu'ils peuvent avoir acquis.

119. Sur la deuxième question (qui revient à se demander si réellement la mort civile est une cause d'extinction de l'usufruit ou non), deux systèmes également :

Premier système. — L'usufruit qui appartenait au mort civilement (soit condamné aux galères, soit condamné au bannissement perpétuel) ne cesse pas ; le seigneur confiscataire en jouit jusqu'à la mort naturelle du condamné ; ce n'est qu'à cette époque qu'il fait retour à la nue-propriété (arrêt de l'Échiquier, 16 mars 1604 ; Bérault, sur l'art. 113, Cout. de Normandie ; Mornac, C. 16, C. *de usufr.*; Loisel, *Inst.*, liv. 6, tit. 2, n° 24).

Deuxième système. — L'usufruit appartenant à un mort civilement ne dure pas au profit du justicier jusqu'à la mort naturelle du condamné, mais fait immédiatement retour à la nue-propriété (Laurière ; Bouhier sur la cout. de Bourgogne; Dumoulin). C'est l'opinion qui avait prévalu.

§ II. — Droit du Code civil.

120. Sur la deuxième question que nous venons d'examiner, le Code a admis l'opinion de Bouhier et de Dumoulin.
La mort civile fait cesser immédiatement l'usufruit ; le bénéfice du droit ne passe pas aux héritiers du condamné pendant le reste de la vie naturelle de celui-ci. Le Code a donné,
dans l'art. 1982, une décision différente pour le cas de rente
viagère. Quelle est la raison de cette distinction ? C'est que
l'usufruit est un démembrement gênant pour la propriété, et
que par conséquent le législateur a dû se montrer favorable
à son extinction ; il n'a pas de pareils motifs pour la rente
viagère.

D'ailleurs, l'usufruit est le plus souvent constitué à titre
gratuit, par conséquent il est fait en vue d'une personne déterminée, et non de ses héritiers. Au contraire, le plus souvent la rente viagère est constituée à titre onéreux ; peu
importe au constituant que ce soit le crédi-rentier lui-même
ou ses héritiers qui touchent les arrérages.

On pourrait peut-être encore faire valoir cette considération
que la rente viagère est considérée par le législateur comme
destinée surtout à procurer des aliments au titulaire, tandis
que l'usufruit n'est pas généralement considéré comme ayant
cette affectation. Or le mort civilement n'en a pas moins
besoin de continuer sa vie naturelle. Il faut donc lui laisser
la rente viagère qui lui assure ses aliments. On peut lui enlever l'usufruit sans lui ôter les moyens de vivre.

121. Peut-il être dérogé à l'art. 617-1°? L'usufruitier aurait-il pu stipuler que sa mort civile n'éteindrait pas son
usufruit? Deux systèmes :

Premier système. — Il l'aurait pu (MM. Demante; Duranton; Dalloz; arrêt d'Angers, 3 juillet 1847).

Deuxième système (que nous adoptons). — Il ne l'aurait

pu (M. Demolombe); car l'extinction des droits par la mort
civile est une règle d'ordre public à laquelle les parties ne
peuvent déroger. D'ailleurs, si l'usufruit survivait, qui en
profiterait? Dans le cas de constitution à titre onéreux, les
héritiers de l'usufruitier? Soit. Mais dans le cas de donation?
Le donateur n'a eu vue que le donataire et nullement ses
héritiers ; ceux-ci ne pourraient donc profiter de l'usufruit.
Alors il faudrait décider avec M. Duranton, que l'usufruit
demeurera assoupi, pour revivre au profit de l'usufruitier, si
celui-ci revient à la vie civile !

On peut admettre, cependant, que l'usufruitier conservera,
même après sa mort civile, l'usufruit dans la limite de ses
besoins personnels.

122. A partir de quelle époque l'usufruit est-il éteint par
la mort civile? A cet égard, il faut distinguer entre les
condamnations contradictoires et celles par contumace. Pour
les premières, l'effet de la mort civile ne commence qu'à compter du jour ou plutôt du moment de l'exécution, soit réelle,
soit par effigie.

Des auteurs ont bien prétendu que la mort civile est encourue seulement à compter de la fin du jour; d'autres
qu'elle date du premier instant du jour de l'exécution; mais
les effets bizarres qu'entraîne l'adoption de l'un ou l'autre de
ces deux systèmes, nous décident à les repousser ; l'opinion
que nous admettons s'appuie d'ailleurs sur l'art. 27, qui détruit l'argument que l'art. 26 paraîtrait au premier abord
fournir en sens contraire.

Quand les condamnations sont par contumace, l'effet de la
mort civile ne se produit qu'après l'expiration des cinq
années qui suivent l'exécution du jugement par effigie, et
pendant lesquelles le condamné peut se représenter. Si le
condamné se représente dans les cinq ans, il est jugé de
nouveau, et, s'il est condamné de nouveau à une peine emportant mort civile, la mort civile n'est encourue qu'à compter

du jour de l'exécution du deuxième jugement. S'il ne se représente qu'après les cinq ans, et qu'il soit acquitté ou absous, ou condamné à une peine qui n'entraîne pas mort civile, la mort civile qui a couru depuis l'expiration des cinq ans n'est pas rescindée pour le passé, mais seulement pour l'avenir. S'il se représente après les cinq ans, et est de nouveau condamné à une peine emportant mort civile, l'art. 470, instr. crim. fait naître la question de savoir s'il n'y a pas eu un intervalle pendant lequel il est revenu à la vie juridique. Comme la décision qui ressort des termes de cet article est favorable à l'accusé, on serait porté à le prendre à la lettre. Mais le système qui en résulterait serait assurément moins net que celui qui résulte de l'art. 30 (C. N.). Si le condamné ne se représente qu'après vingt ans, il ne peut plus purger sa contumace; il reste donc, même pour l'avenir, en état de mort civile, à moins de grâce absolue, ou de révision en vertu des art. 443 et suivants du Code d'instruction criminelle.

123. L'usufruit éteint par la mort civile revivra-t-il si cette mort civile vient à cesser? Si elle a cessé par la grâce du prince, non assurément; car l'exercice du droit de grâce ne peut enlever les droits acquis aux tiers. Si c'est par la révision légale du procès] aux termes de l'art. 443, instr. cr., que la mort civile a été anéantie, on peut dire que la condamnation est censée non-avenue, que, conséquemment, l'état d'incapacité qu'elle a créé doit disparaître, et l'usufruit revivre.

124. Dans tout ce que nous avons dit de la mort, soit naturelle, soit civile, nous ne nous sommes pas occupés du cas où il y aurait eu cession de l'usufruit. Mais, même en ce cas, l'usufruit s'éteindrait par la mort du titulaire, sur la tête duquel il reste toujours en droit. A l'inverse, la mort du cessionnaire ne ferait pas perdre à ses héritiers le bénéfice de la cession; ils continueraient de jouir tout le temps de la vie du titulaire. Toutefois, si nous supposons qu'il n'y ait pas eu cession proprement dite de l'usufruit, mais bien constitution

d'un usufruit sur un usufruit déjà existant, la mort du sous-usufruitier éteindra son droit, qui fera retour au premier usufruitier.

125. Supposons qu'un testateur ait légué conjointement l'usufruit d'une même chose à plusieurs personnes. L'une d'elles meurt après avoir recueilli sa part et en avoir joui. Cette part accroîtra t-elle aux survivants?

En droit romain, la question ne faisait pas doute : le droit d'accroissement, en matière d'usufruit, avait lieu, que la perte arrivât avant ou après l'entrée en jouissance.

Les anciens jurisconsultes français s'étaient divisés sur ce point. Les uns assimilaient l'accroissement en matière d'usufruit à l'accroissement en matière de propriété, et décidaient qu'il n'y aurait lieu à accroissement que si la perte du droit de l'un des usufruitiers arrivait avant l'entrée en jouissance (arrêt du parlement de Grenoble, 8 juin 1439; Lebrun, *des successions*, liv. 1, chap. 5, sect. 9, n° 4; Guy Pape, Décision 240; Chopin, Coutume d'Anjou, liv. 5, chap. 5, tit. 2; Dupineau, art. 270, Cout. d'Anjou ; d'Argentré, Cout. de Bretagne ; Nouveau Brillon, v° *accroissement*). Si donc le décès de l'un des usufruitiers n'avait lieu que postérieurement à l'entrée en jouissance, la part du décédé faisait retour à la nue-propriété. Les autres jurisconsultes français reproduisaient la décision du droit romain (Nouveau Denizart, v° *accroissement*, § 5, 1; *Encycl. méth.*, partie de la jurispr. v° *accroissement* ; Pothier, *donat. test.* chap. 6, sect. 5, § 3, n° 346; Ricard, Traité des donations, t. 3, p. 548, n° 523; Du Rousseaud de Lacombe, Notes sur d'Espeisses (OEuvres de d'Espeisses), t. 2, p. 270, n° 46; Furgole, Traité des testaments, t. 5, p. 35 ; parlement de Provence, 1675 ; Montvalon, Traité des successions, t. 1, p. 654).

Quelle est la décision que nous devons adopter aujourd'hui? Faut-il assimiler l'accroissement de l'usufruit à l'accroissement de la propriété, et décider qu'il ne doit avoir lieu que lorsque le bénéfice du legs n'a pas déjà été recueilli et partagé? ou bien, au contraire, faut-il admettre, avec le droit romain, que, même quand le bénéfice du legs a été recueilli et partagé, la part du prédécédé accroîtra à l'autre, et ne fera pas encore retour à la nue-propriété ?

Les deux systèmes sont soutenus.

Premier système. — Dans le premier sens, Merlin, Rép., v° *usufr.*, § 5, art. 1; Proud'hon, t. 2, n° 475; Toullier, t. 5; n° 699; Grenier, *donat.*, n° 553; Favard, v° *testam.*, sect. 3, §3, n. 5; MM. Devilleneuve, année 1839, part. 2, p. 46, note 1; M. Bugnet sur Pothier. À l'appui de cette première opinion, on fait remarquer que le législateur ne s'est occupé du droit d'accroissement qu'à l'occasion de la caducité des legs ; or la caducité suppose toujours un événement antérieur au partage qui doit avoir lieu entre les divers légataires. Le Code n'a donc pas prévu la possibilité d'un accroissement après le partage effectué, et son silence équivaut à une prohibition, puisque l'accroissement après coup constitue l'exception; (cet accroissement en effet ne pourrait avoir lieu en matière de legs de propriété fait à plusieurs).

Les partisans de ce système invoquent encore les paroles des tribuns Jaubert et Favard. Jaubert, dans son rapport au Tribunat, s'exprime en ces termes : « Toute l'ancienne théorie du droit d'accroissement se trouve très-clairement réduite dans les deux art. 1044 et 1045. » Favard dit au Corps législatif : « Le droit d'accroissement avait donné naissance à des difficultés sans nombre. On trouve dans les auteurs, soit du droit écrit, soit du droit coutumier, des discussions subtiles, plus propres à égarer qu'à éclairer sur un point de droit qui paraissait inextricable. Le projet fait cesser toute controverse par la manière de préciser les cas dans lesquels il y aura lieu à accroissement au profit des légataires. » Ainsi, dit-on, dans l'intention des auteurs du Code Napoléon, les art. 1015 et 1016 sont destinés à remplacer toute l'ancienne théorie, à supprimer toutes les anciennes controverses. Ils sont l'expression d'une règle générale à laquelle on ne devra pas faire d'exception. En droit romain, il est vrai, l'accroissement de l'usufruit se faisait même après que les parts avaient été recueillies. Mais le Code a remplacé tout le droit ancien par les deux art. 1044 et 1045. Ces articles sont donc applicables à toute espèce de legs, que ce soient des legs de propriété ou des legs d'usufruit.

Deuxième système. — L'accroissement a lieu même lorsque les parts ont été recueillies (Duport-Lavillette, questions de droit, v° *Accroissement*, t. I, p. 19; arrêt d'Aix, 11 juill. 1838, et de Rejet, 1er juill. 1841; Marcadé; MM. Valette ' ' ste, Troplong).

Voici comment Pothier explique ce système qu... « La propriété d'une chose s'acquiert en un moment et pour toujours. C'est pourquoi, lorsqu'un colégataire a acquis sa part dans la propriété de la chose léguée, le legs ne peut plus défaillir pour sa part, puisqu'elle lui est acquise pour toujours; il ne peut donc plus y avoir lieu au droit d'accroissement; mais l'usufru... un droit successif qui ne s'acquiert qu'à mesure qu'on jouit de la chose. Lors donc qu'un colégataire cesse, par sa mort, de jouir de sa part, on peut dire que cette part a défailli en sa personne, et qu'il y a lieu, par conséquent, au droit d'accroissement au profit des colégataires, qui, étant chacun légataire de l'usufruit pour le total, ont le droit de le retenir lorsque les autres parts viennent à défaillir. »

Cette argumentation, qui est assez obscure, s'appuie d'ailleurs sur une base inexacte. Est-il possible de soutenir que l'usufruit ne s'acquiert que successivement? Que les fruits s'acquièrent successivement, que la jouissance matérielle soit un fait successif, nous le voulons. Mais le droit d'usufruit en lui-même n'en est pas moins un droit unique qui s'acquiert aussi bien que la propriété *uno momento*. Si on décidait autrement, en effet, il faudrait exiger que le légataire d'un usufruit ait, tout le temps de sa vie, la capacité de recueillir, et non pas seulement au moment même où le droit s'est ouvert; par conséquent, si la dixième année de sa jouissance il se trouvait dans une position qui l'empêchât de recueillir du testateur, par exemple, dans la situation prévue par l'art. 3 de la loi supprimant la mort civile (31 mai 1854), il faudrait décider qu'il va perdre son usufruit pour l'avenir. Mais un système aussi rigoureux ne pourrait se soutenir. Le condamné conserverait son usufruit. N'est-ce pas là une preuve que l'usufruit, considéré en tant que droit, est un droit unique s'acquérant *uno et eodem momento?*

En admettant même que l'usufruit soit un droit successif, quelle conséquence en déduire? La prémisse ne nous paraît avoir aucun rapport avec la conclusion à laquelle nous voulons arriver.

Pothier, en disant que la propriété s'acquiert pour toujours, entrevoyait la raison de la différence qui existe entre l'accroissement de la propriété et celui de l'usufruit. Mais il ne l'exposait pas avec assez de clarté.

On peut compléter son explication de la manière suivante : La loi ne défend pas l'accroissement après que les parts ont été recueillies. Elle est muette sur ce point, il est vrai; mais les règles du droit d'accroissement sont évidemment basées sur l'intention probable du testateur (bien que cette intention ait été assez malheureusement interprétée dans les art. 1044 et 1045). Il faut donc s'attacher avant tout à la volonté du défunt. Or, il semble bien que le testateur qui fait un legs conjoint à deux personnes, préfère l'une et l'autre de ces personnes à son propre héritier, et que, par conséquent, si le bénéfice du legs ne peut être recueilli par l'une, ou cesse de lui appartenir, il devra accroître à l'autre, plutôt que de revenir au successeur du défunt. L'accroissement avant ou après coup est donc la règle. En matière de legs conjoint de propriété, à la vérité, une fois le partage accompli, l'accroissement devient impossible, mais cela tient à la force même des choses. Que l'acceptant, en effet, vienne à mourir, il aura toujours des héritiers qui le remplaceront ; en droit il sera toujours censé exister ; donc, jamais sa part ne sera vacante ; donc, impossibilité du droit d'accroissement. Au contraire, en matière de legs conjoint d'usufruit, si l'un des usufruitiers vient à mourir, sa part, en vertu de l'intransmissibilité de l'usufruit, ne passe pas à ses héritiers ; donc, il y a une part vacante. Pourquoi n'accroîtrait-elle pas à ses colégataires ?

Les arguments invoqués par les partisans de la première opinion ne nous paraissent pas invincibles. Les paroles du tribun Jaubert ne sont pas assez précises pour qu'on doive y attacher une grande importance. Quant à celles du tribun Favard, on en a exagéré la portée. Cet orateur ne voulait pas dire que le Code avait entendu abroger toutes les règles de l'ancien droit et du droit romain en matière d'accroissement ; il se bornait à déclarer que les art. 1044 et 1045 étaient destinés à supprimer les anciennes controverses. Mais quelles étaient ces controverses? Favard l'explique lui-même, en disant que « le Code les fait cesser en précisant les cas dans lesquels il y aura lieu à accroissement. » Et en effet, la question de savoir quels étaient ces cas, avait été l'objet de discussions très vives entre les anciens commentateurs du droit romain. Devait-il y avoir accroissement dans le legs fait *conjunctim* seulement, ou même dans ceux laissés *disjunctim*? Tel était le problème qui avait été résolu différemment et que le Code civil a voulu trancher d'une manière définitive. — Quant à la question de savoir si, le droit d'accroissement une fois admis, les règles n'en varieraient pas suivant les diverses hypothèses, le législateur ne l'a pas prévue si l'on s'en tient à l'explication même de Favard, dont on ne peut en conséquence se faire une arme contre nous.

Quant à la considération que les art. 1014 et 1045 se trouvent placés dans une section intitulée : « de la caducité des legs, » (et que par conséquent le droit d'accroissement aura lieu exclusivement quand un des legs se trouvera caduc), elle serait d'un grand poids si les rédacteurs du Code avaient ordonné leur œuvre d'une manière parfaite. Mais il n'en est pas ainsi. Dans un grand nombre de cas, ils ont disposé leurs articles sans une suite bien logiquement indiquée ; sous la même rubrique, ils ont plus d'une fois traité de matières assez disparates; c'est ce qui leur est arrivé dans l'espèce. Cette réponse à l'argument dirigé contre nous, a d'autant plus de force que dans la section même, dont l'intitulé est invoqué contre notre opinion, le législateur s'est occupé de causes de perte de legs évidemment postérieures à l'époque où le legs a été recueilli, et qui ne sont point par conséquent des causes de *caducité* (cas des art. 1046 et 1047).

Section III.

Absence.

126. Dans le cas d'envoi en possession provisoire des biens d'un absent, les tiers peuvent exercer tous les droits subordonnés à son décès. Par conséquent, si un absent avait un usufruit, le nu-propriétaire pourra s'en faire envoyer en possession provisoire. Si l'absent reparaît avant trente ans révolus depuis l'époque de l'envoi en possession provisoire, le nu-propriétaire sera forcé de lui restituer ce droit d'usufruit. Mais il gardera soit les quatre cinquièmes, soit les neuf dixièmes, soit même la totalité des fruits par lui perçus, suivant les distinctions de l'art. 127.

Supposons que l'absent ne reparaisse qu'après trente ans.

Le nu-propriétaire sera-t-il tenu de restituer l'usufruit? L'absent, pourrait-on dire, est resté trente ans sans jouir. Or, l'usufruit se perd par trente ans de non-usage, et l'absence n'est pas rangée par le Cod. Nap. au nombre des causes qui suspendent la prescription. Dans cette opinion, les envoyés en possession provisoire de l'universalité des biens de l'absent devraient, avant l'expiration des trente ans, exiger, de la part du nu-propriétaire, la reconnaissance du droit éventuel de l'absent. Dans un autre système que nous croyons plus exact, on fait remarquer que le nu-propriétaire n'a exercé l'usufruit qu'au nom de l'usufruitier, aux termes de l'art. 125, de sorte qu'on ne peut dire qu'il y a eu non-usage.

SECTION IV.

EXPIRATION DU TERME, ÉVÉNEMENT DE LA CONDITION RÉSOLUTOIRE.

127. L'expiration du terme et l'arrivée de la condition résolutoire éteignent toutes deux l'usufruit.

Suivant Proudhon (t. IV, n° 2057) il y aurait, entre l'arrivée du terme et l'arrivée de la condition résolutoire, cette différence que, dans le premier cas, l'usufruit finit de plein droit, sans qu'il soit besoin d'en demander la révocation en justice, parce qu'il n'a pas reçu d'existence pour un temps plus long; tandisque, en cas de condition résolutoire, l'usufruit ne finirait pas de plein droit : il faudrait recourir à l'autorité du juge, pour que ce juge prononçât l'extinction de l'usufruit et cela, parce qu'il y a lieu de vérifier si, réellement, le fait prévu est arrivé. Comme conséquence de cette doctrine, Proudhon conclut que, lorsqu'il s'agit d'un usufruit établi à terme fixe, l'usufruitier doit les fruits à partir de l'expiration du terme, tandis que dans le cas d'arrivée de la condition résolutoire, il ne les devrait que du jour de la demande.

Le principe et la conséquence nous paraissent aussi contestables l'un que l'autre. D'abord, il est certain que l'arrivée des conditions résolutoires expresses opère la résolution de plein droit. Ainsi Proudhon, si le principe sur lequel il s'appuie est vrai, aurait dû restreindre aux conditions résolutoires tacites ce qu'il dit des conditions résolutoires en général. En second lieu, que l'extinction de l'usufruit, par suite de l'arrivée de la condition résolutoire expresse ou tacite, ait ou non lieu de plein droit, qu'importe? Il n'en est pas moins certain qu'au moins dès l'événement de la condition, et non pas seulement du jour de la demande, les fruits appartiennent au nu-propriétaire. Et, en effet, tout le monde devra reconnaître que l'événement de la condition, une fois connu de l'usufruitier, le constitue de mauvaise foi, lors même que jusqu'à cette époque on lui ferait la faveur de le considérer comme possesseur de bonne foi.

128. L'usufruit peut-il être constitué à perpétuité en faveur d'une personne et de ses héritiers, de manière à paralyser éternellement le droit du nu-propriétaire?

129. D'abord, il nous semble qu'un testateur pourrait très-bien léguer un usufruit à une personne. et à ses héritiers, seulement alors, il n'y a pas un seul et unique usufruit; il y a plusieurs usufruits distincts ; les héritiers du premier usufruitier tirent leur droit non pas de leur parent, mais du constituant de l'usufruit; donc, au moment de la mort du disposant, ils doivent être en état de recevoir, c'est-à-dire être au moins conçus. (Il n'y a pas là de substitution prohibée, car la substitution ordinaire est contenue dans le même legs que la disposition principale. Or, il y a, dans l'espèce que nous examinons, deux legs différents, deux légataires dont le deuxième tient directement son legs de la volonté du testateur, et non par voie successive du légataire qui a recueilli avant lui l'usufruit. D'ailleurs, pas de charge de conserver.) Si le testateur s'est servi de ces expressions : « Je lègue à Titius et à ses héritiers l'usufruit de tel bien, il faudrait, avec le droit romain (nº 9), d'après l'intention présumée du testateur, restreindre l'effet de cette disposition aux premiers héritiers immédiats

de Titius, lors même que les héritiers futurs de ces héritiers seraient déjà eux-mêmes en état de recevoir; car il est probable que, par cette expression : « les héritiers de Titius, » le testateur n'a entendu que les premiers héritiers. Toutefois, s'il avait évidemment manifesté l'intention contraire, il faudrait bien la respecter, pourvu toujours que les héritiers subséquents fussent eux-mêmes déjà capables de recueillir. (Cassat., 22 juillet 1835.)

Ainsi, dans le cas de constitution de l'usufruit à titre gratuit en faveur d'une personne et de tous ses héritiers, nous restreindrions la constitution à la vie des personnes seules qui étaient déjà alors en état de recevoir, c'est-à-dire que la constitution gratuite à perpétuité de l'usufruit nous semble impossible. (Dans le cas de constitution gratuite *in æternum*, nous déciderions encore qu'il n'y a pas substitution, par les mêmes raisons que plus haut. La conséquence, c'est que la donation resterait valable au profit du légataire et de ses héritiers immédiats, tandis que, s'il y avait substitution, la donation serait nulle pour le tout.)

170. Quant à la constitution d'usufruit à titre onéreux, chacun étant censé stipuler pour soi et ses héritiers *in æternum*, on pourrait être tenté de déclarer la stipulation d'usufruit valable au profit des héritiers conçus ou non. Mais ce système tombe devant l'observation que la règle d'après laquelle chacun est censé stipuler pour soi et ses héritiers ne doit s'appliquer qu'aux droits susceptibles d'être transmis aux héritiers.

La loi de 1790, titre I, art. 1", restreignait à quatre-vingt-dix-neuf ans la durée de l'emphytéose, et certains auteurs enseignent que le maximum de durée d'un usufruit serait également de quatre-vingt-dix-neuf ans (MM. Bonnier, Roustain, Ducaurroy).

Une opinion analogue, s'appuyant sur une autre partie du même article, d'après laquelle les baux à vie peuvent être faits sur trois têtes, consiste à soutenir que l'usufruit peut être établi également sur trois têtes, et, par conséquent, au profit de trois générations si nous supposons le grand-père, le fils et le petit-fils existant au moment de la constitution.

D'autres soutiennent que le maximum de durée de l'usufruit serait toujours de trente ans, d'après l'art. 619 (Demante). Cette opinion peut s'appuyer sur un passage du rapport du tribun Perreau (Fenet, t. xi, p. 225, *in fine*). Voici ce passage : « L'usufruit cesse par l'expiration du temps ; car il im- » porte à la conservation des biens que la jouissance ne soit » pas trop longtemps séparée du domaine. C'est d'après cette » considération que les auteurs du projet ont limité très- » sagement *à trente ans pour toutes les espèces*, la prescription » de ce droit, prescription portée autrefois à cent ans, lors- » qu'il était accordé à une corporation. »

Dans une dernière opinion que nous préférons, on borne la durée de l'usufruit stipulé *in æternum* à la vie du seul stipulant, et on ne l'étend pas même à ses héritiers immédiats, encore que ceux-ci fussent déjà conçus au moment de la constitution. En effet, il est de l'essence de l'usufruit de s'éteindre par la mort de l'usufruitier. Vainement prétendrait-on que ce système refuse à un acte d'acquisition onéreuse le bénéfice qu'il accorderait à un acte de donation. Cette objection n'est pas fondée. Il est vrai que si l'usufruit est constitué à titre gratuit au profit d'une personne et de ses héritiers, ceux-ci en profiteront, s'ils sont déjà conçus. Mais remarquez qu'alors il y a deux usufruits distincts, et que celui laissé aux héritiers de l'usufruitier devra être spécialement accepté par eux. Or le même résultat pourrait parfaitement être atteint par une constitution à titre onéreux. Il suffirait que les héritiers de l'usufruitier intervinssent dans l'acte de constitution pour stipuler un usufruit spécial, qui, dès l'origine reposât sur leur tête.

131. L'usufruit établi au profit d'une personne morale, ne dure que trente ans. Le choix de ce laps de temps est dû à

une erreur du législateur français. Il a cru en cela se conformer à une opinion du droit romain. Nous avons vu, dans
l'examen de ce droit (n° 14), que deux textes étaient en présence, l'un bornant à cent ans la durée de l'usufruit des personnes légales, l'autre fixant le terme de trente ans. Mais
nous avons vu aussi que ce dernier texte n'était nullement en
désaccord avec le premier; qu'il ne s'appliquait qu'à une question d'estimation probable, et qu'il n'entendait nullement régler la durée légale d'un tel usufruit. La plupart des anciens
avaient cru voir une antinomie dans ces deux lois, et donnaient la préférence à la seconde. Bourjon reconnaissait bien
que la durée de cent ans était légale, mais il en demandait la
restriction. (*Dr. Com. de la France*, t. II, p. 38, n° 3.) — Le
législateur français s'est trompé comme les anciens commentateurs. (1)(*V.* le discours des tribuns Galli et Garry dans Fenet, t. 11. p. 213 et p. 211, sur l'art. 619.) Il est heureux
qu'une erreur de commentaire ait fait abréger le temps de la
durée d'une servitude extrêmement gênante pour la propriété.

L'usufruit laissé à une personne morale pourrait-il l'être
pour un espace de temps supérieur à trente ans? Ici, mêmes
controverses que pour l'usufruit laissé à des particuliers.
Nous décidons, quant à nous, que le terme légal de trente ans
ne peut être dépassé.

132. Sous réserve des observations que nous avons faites,
quant à la durée du droit, il est permis au constituant d'ap-
poser à la constitution d'usufruit le terme ou les conditions qu'il voudra.

133. Mais l'usufruit constitué *ad diem* ou *ad conditionem*

____

(1) Du reste, à l'époque de la rédaction du Code, la durée moyenne
de la vie de l'homme était de trente ans. Cette considération n'a pas
été étrangère à la détermination du délai par lequel doit s'éteindre
l'usufruit appartenant aux êtres juridiques.

ne finira-t-il nécessairement que par l'arrivée du terme ou de la condition? Il peut finir auparavant par la perte de la chose et par la consolidation définitive. Finit il par la mort de l'usufruitier arrivée avant le terme? Suivant nous, c'est une question d'interprétation. Si l'intention manifeste du testateur est que l'usufruit survive à l'usufruitier et dure au profit de ses héritiers jusqu'au jour de l'expiration du terme, il faudra se conformer à cette volonté. (Fr. 33, *de usu et usufr. leg.*) que si la constitution est faite en termes généraux qui n'impliquent pas cette intention, il faudra décider que la mort de l'usufruitier fait évanouir son droit. Et, en effet, qu'est-ce ordinairement que l'addition d'un terme à la constitution d'un usufruit? C'est une chance d'extinction de plus que le constituant veut ajouter aux autres. Il ne voudrait donc ajouter une chance d'extinction que pour en retrancher une autre (la mort)! Il n'aurait assigné à l'usufruit un maximum de durée que pour rendre cet usufruit plus long qu'il l'est naturellement !(C. 12, C., *in fine, de usufr.*).

Comme on le voit, en cette matière, nous adoptons généralement le système du droit romain, sauf les exceptions prévues expressément par le Code civil. C'est que, comme nous l'avons fait remarquer, les principes du droit romain et du Code sont en général identiques; l'un comme l'autre se règlent d'après la volonté présumée du constituant, et conséquemment peuvent se compléter l'un par l'autre.

131. Le constituant pourrait avoir borné la durée de l'usufruit à un temps ou à l'arrivée d'une condition qui ne se référât pas à la personne de l'usufruitier lui-même, mais à celle d'un tiers. Par exemple, un testateur peut avoir légué l'usufruit jusqu'à ce qu'un tiers ait atteint un âge fixé. Dans ce cas, le Code, adoptant l'opinion de Justinien, décide que lors même que ce tiers viendrait à mourir avant l'âge fixé, l'usufruit ne continuerait pas moins de subsister jusqu'à l'époque où l'âge eût été réellement atteint. Ici, en effet, la constitution d'usu-

fruit n'est autre chose qu'une constitution à temps; c'est comme si le testateur avait dit : L'usufruit durera autant d'années qu'il en faudrait pour que le tiers arrivât à l'âge fixé. Ainsi ce terme serait connu par anticipation; on pourrait, dès la constitution, dire : l'usufruit durera six, huit, dix ans. (Comp. jurisprudence ancienne, arrêt du parlement de Provence, 13 février 1662.)

Si l'intention formelle du testateur était d'éteindre l'usufruit à la mort de ce tiers, bien qu'elle arrivât avant l'époque fixée, il faudrait s'y conformer et ne pas appliquer l'art. 620. Supposons donc qu'un testateur dise : « Je lègue à Paul 100, jusqu'à « ce que Pierre, son fils, ait atteint l'âge de vingt ans. Si Pierre « meurt avant, l'usufruit de Paul cessera. Dans ce cas, il y a « dérogation formelle à l'art. 620. »

135. Quand le testateur a pris pour limites de la durée de l'usufruit la vie d'un tiers, on se demande s'il a simplement prévu le cas de mort naturelle, ou s'il a de plus considéré le cas de mort civile de ce tiers, et si par conséquent cette mort civile arrivant devrait éteindre le droit de l'usufruitier? C'est encore là une question d'interprétation, et nous inclinons à penser que si le cas de mort civile n'a pas été expressément ou au moins implicitement prévu, le testateur n'a entendu se référer qu'au cas de mort naturelle : *Non naturale est tristes casus expectare.*

136. Supposons un usufruit légué pour tout le temps qu'une personne restera en démence. Cette personne vient à mourir avant d'être guérie; l'usufruit s'éteint-il? C'est à peu près l'hypothèse de l'art. 620 du C. c. Les deux avis sont soutenus.

1er SYSTÈME. — L'usufruit s'éteint (Toullier, t. III, p. 454). En effet, l'extinction de l'usufruit est subordonnée à la condition de guérison. Or, le Code civil regarde la condition comme accomplie lorsqu'il est certain que l'événement n'arrivera pas (art. 1177 du C. c.).

2e SYSTÈME. — Il ne s'éteint pas (M. Duranton, t. IV, n° 509;

Proudhon, n°ˢ 2058 et 2059, et droit romain). En effet, l'extinction de l'usufruit était soumise à l'arrivée d'une condition, la guérison du tiers. Cette condition ne s'est pas réalisée, dès lors l'usufruit est censé avoir toujours été pur et simple, et par conséquent doit conserver les limites de sa durée naturelle; il ne finira qu'à la mort de l'usufruitier.

Le 1ᵉʳ système est peut-être plus conforme à l'intention du constituant. Il n'arrivera presque jamais qu'un droit d'usufruit soit constitué dans les termes que nous avons supposés, sans que le testateur ait eu en vue d'alléger pour l'usufruitier les charges que fait peser sur lui la maladie du tiers, charges qui n'existent pas plus quand celui-ci est mort que quand il est guéri. D'ailleurs le constituant a pris comme terme de la durée de l'usufruit une époque qui devait nécessairement se réaliser du vivant du tiers. Donc son intention n'était pas de prolonger l'usufruit au delà de la vie de ce tiers.

Au reste, l'usufruit ne revivrait pas dans l'hypothèse présente, si, après avoir recouvré la raison, le tiers la perdait de nouveau.

La discussion de ces hypothèses suffira, comme exemples, pour résoudre les diverses questions du même genre qui pourraient se présenter. Il faudra toujours, avant tout, s'en référer à l'intention probable du constituant.

SECTION V.

RÉSOLUTION DU TITRE CONSTITUTIF.

137. Si l'acte qui contient la constitution de l'usufruit vient à être annulé par suite de l'exercice d'une action en rescision, ou par l'effet d'un événement postérieur prévu dans la constitution même, ou par l'arrivée de tout événement auquel la loi a attaché l'effet de révoquer le contrat, il est évident que l'usufruit cessera lui-même, *cessante causa cessat effectus*.

Ainsi, si l'usufruit résulte d'un acte à titre onéreux, consenti par un incapable, ou entaché d'erreur, de dol, de violence, l'exercice de l'action en nullité amènera l'anéantissement du droit.

Quant à la lésion, on admet généralement que la vente d'un usufruit est un contrat aléatoire, et que par conséquent cette cause d'annulation ne peut s'y appliquer.

L'exercice du réméré entraîne l'anéantissement du droit de l'usufruitier. Il en est de même de la résolution pour inexécution des conditions.

Si l'usufruit a été constitué dans un acte de donation entre vifs, il sera révocable pour cause d'ingratitude, d'inexécution des conditions, de survenance d'enfants. Seulement entre ces trois causes d'extinction, il y aura la différence que la première laissera subsister les droits consentis aux tiers par l'usufruitier, tandis que les deux autres les feront évanouir, conformément aux règles générales sur la révocation des donations.

138. Dans tous les cas, comme l'extinction du droit de l'usufruitier va causer un préjudice notable à ses créanciers, en diminuant son patrimoine qui leur sert de gage, ceux-ci auront évidemment le droit d'intervenir, et de repousser la prétention du nu-propriétaire à l'aide des mêmes moyens qu'eût pu faire valoir leur débiteur (art. 1166).

SECTION VI.

RÉSOLUTION DU DROIT DU CONSTITUANT.

139. « Soluto jure dantis, solvitur jus accipientis. » L'usufruit, comme tout autre droit, est soumis à cette règle générale d'anéantissement.

140. Le constituant dont le droit vient à être résolu peut avoir reçu un objet, une somme, à la place de la chose dont la propriété lui est enlevée. L'usufruit qu'il avait constitué sur cette chose sera-t-il transporté sur l'objet, sur la somme

qui lui a été restituée? Par exemple, l'usufruit constitué par l'acheteur d'un immeuble acquis avec clause de réméré, passera-t-il, après l'exercice du réméré, de l'immeuble sur le prix rendu par le vendeur qui reprend sa chose? Dans l'ancien droit, on décidait l'affirmative (Dupineau, Cout. d'Anjou, t. I, p. 945; Pothier, Douaire, nᵒˢ 73, 76, 79); mais aujourd'hui que le principe de la subrogation réelle, admis universellement autrefois, ne figure qu'exceptionnellement dans notre Code (art. 1497), nous croyons devoir repousser la solution de Pothier et de Dupineau. Toutefois, s'il s'agissait d'un usufruit universel, la somme remboursée, faisant partie des biens du constituant, serait évidemment soumise au droit d'usufruit.

III. Plusieurs auteurs admettent que la maxime « Soluto jure dantis, solvitur jus accipientis » produit des effets plus énergiques, en ce qui concerne l'aliénation d'un usufruit, qu'en ce qui concerne l'aliénation d'une pleine propriété, et qu'il y a des cas où la pleine propriété serait maintenue malgré la résolution du droit de l'aliénateur, tandis que l'usufruit, au contraire, ou toute autre charge réelle, serait anéanti (cas des art. 859 et 865, rapport de l'immeuble en nature; 929 et 930, exercice de l'action en réduction). A l'appui de leur opinion, ils disent : La perte d'un droit, par la résolution des pouvoirs du constituant, est une règle générale à laquelle on ne doit faire exception que pour les cas formellement prévus. Or, les articles précités ne s'occupent que de l'aliénation de la pleine propriété qu'ils font survivre à l'exercice du rapport et de la réduction; l'aliénation de l'usufruit n'étant pas comprise dans leurs termes, doit tomber sous la règle générale, et par exemple, si un des cohéritier, donataire entre-vifs, n'a fait que constituer un usufruit sur l'immeuble à lui donné en toute propriété, cette constitution sera résolue par l'exercice de l'action en rapport.

On pourrait répondre à ce raisonnement que les articles 860

et 930 prévoient virtuellement l'hypothèse de constitution d'un usufruit. Ils parlent en effet de l'aliénation de l'immeuble, aliénation qui peut être partielle, aliénation qui peut être totale; ils ne distinguent pas. L'usufruit est un démembrement de la propriété; par conséquent, le propriétaire qui constitue un usufruit aliène partiellement son immeuble. Il y a mieux : l'usufruit des choses immobilières est positivement rangé par la loi (art. 526) au nombre des immeubles.

Nous croyons cependant, avec la majorité des auteurs, que ces objections ne sont pas fondées. Nous pensons donc que, dans le cas de rapport en nature, l'usufruit, dont le donataire aurait grevé l'immeuble donné, devrait s'évanouir en vertu de l'art. 865, bien que la fin de cet article paraisse autoriser à prétendre que les charges auxquelles il fait allusion sont uniquement des hypothèques. Dans le cas de donation réductible, nous déciderons également que le réservataire pourra faire tomber l'usufruit constitué sur l'immeuble donné, et nous restreindrons par conséquent à l'acquéreur de la propriété la faculté de réclamer la discussion des biens du donataire aliénateur.

SECTION VII.

PERTE DE LA CHOSE.

§ 1.er — Perte des objets corporels.

112. La perte matérielle de la chose est une cause d'extinction de l'usufruit (art. 617); et comme la chose soumise à l'usufruit est envisagée dans sa substance, c'est-à-dire dans l'ensemble des qualités qui font que la chose peut porter le nom qu'on lui attribue, le droit ne subsiste pas sur les accessoires de l'objet. Par exemple, si la maison, objet de l'usufruit, vient à s'écrouler, l'usufruit ne subsistera pas sur le sol et les matériaux. En cas de mort d'un animal sujet à l'usufruit, l'usufruitier n'aura pas de droit d'usufruit sur le cuir.

143. La perte partielle et les changements de la chose laissent-ils subsister le droit? L'affirmative n'est pas douteuse, lorsque cette perte et ces changements n'auront pas amené l'anéantissement de la substance. Ainsi, si l'une des deux ailes qui composent un bâtiment s'écroule, le droit subsistera sur l'autre. Si l'usufruit porte sur un domaine ou sur une universalité, la destruction de la maison comprise dans ce domaine, dans cette universalité, laissera subsister le droit d'usufruit, non-seulement sur les autres objets, mais encore sur le sol et sur les débris de la maison.

144. Mais on s'est demandé si la perte juridique, c'est-à-dire les changements et la perte partielle desquels résulte une modification de la substance, doit être assimilée à la perte matérielle et entraîner l'extinction de l'usufruit. Certains auteurs (Marcadé) ont soutenu la négative et enseigné que l'art. 617, dans son dernier alinéa, abandonnait le système du droit romain en ne déclarant l'usufruit anéanti que par la perte totale et matérielle de la chose. Ainsi, l'usufruitier d'un terrain change la substance de ce terrain en le couvrant de constructions; d'après ces auteurs, l'usufruit ne cesserait pas d'exister. Dans le cas d'usufruit d'un quadrige, la mort de l'un des chevaux qui le composent laisserait encore subsister le droit sur les trois autres, parce qu'il n'y a que perte partielle, et qu'aux termes des art. 617, 623 et 616, la perte partielle, même celle qui amène une modification de la substance n'éteint pas le droit.

Quant à nous, ce système nous paraît inconciliable avec l'intention des parties interprétée par le législateur même dans l'art. 578, et nous préférons l'affirmative.

L'usufruit, en effet, c'est le droit de gagner les fruits d'une chose dont la substance, c'est-à-dire l'ensemble des qualités essentielles et constitutives, a été prise en considération, et ce droit doit cesser dès que l'ensemble de ces qualités disparaît ou se transforme, dès que la chose ne peut plus porter le nom qui lui avait été attribué dans la constitution. (Le nom, en effet, le *substantif*, nomen, *substanticum*, n'est que la caractérisation, le signe distinctif de la substance.)

Tel serait le système que la saine interprétation de la volonté des parties commanderait d'adopter, lors même que l'art. 578 ne viendrait pas le consacrer de la manière la plus formelle, en soumettant la persistance du droit de l'usufruitier à la condition de la conservation de la substance; lors même encore que l'article 703, relatif aux servitudes, ne viendrait pas nous fournir un argument *à fortiori*.

Peu nous importe donc que l'art. 617 ne parle que de la perte totale de la chose. Est-ce que la modification ou la perte d'un des éléments dont l'ensemble est essentiel à la conception de la substance, n'entraîne pas juridiquement la perte totale de l'objet sur lequel les parties avaient entendu constituer le droit d'usufruit? Est-ce que, dans le cas de quadrige, supposé par le droit romain, et auquel il était fait allusion tout à l'heure, la perte d'un seul des chevaux n'entraîne pas totalement l'extinction du quadrige?

Peu nous importe encore que d'après l'art. 623, si une partie seulement de la chose sujette à l'usufruit vient à périr, le droit se conserve sur le reste. Cet article ne peut s'appliquer qu'à la perte partielle qui n'a pas anéanti la substance.

Quant à l'article 616. il exige bien, pour que l'usufruit d'un troupeau soit perdu, que ce troupeau ait péri entièrement. Mais cela veut-il dire que lors même qu'il ne resterait qu'une seule tête de bétail, il y aurait encore troupeau? Quand le troupeau sera-t-il censé avoir péri entièrement? Là est la question; dans l'intention des parties, la substance est anéantie, le troupeau a entièrement péri, lorsqu'il est réduit à un nombre insignifiant.

Faisons remarquer en finissant que le système opposé n'est pas nouveau, que Pothier l'avait déjà édité, mais que son opinion avait contre elle l'autorité de l'unanimité des jurisconsultes, notamment de Domat. Lequel des deux systèmes le Code a-t-il voulu adopter? Le système de Pothier? Non, car en matière d'extinction de l'usufruit par la perte de la chose, le Code s'est généralement approprié les principes du droit romain, suivis par Domat, et a rejeté les opinions de Pothier. La preuve en est dans l'art. 624, qui consacre une opinion de Domat, combattue par Pothier (1). Si le législateur français a adopté, en règle générale, la théorie de Domat, et condamné, en général également, celle de Pothier, pourquoi, à propos de la question présente, aurait-il préféré l'avis du dernier?

145. Ainsi, il nous paraît incontestable que la perte juridique aussi bien que la perte matérielle entraînera l'extinction de l'usufruit. Nous ne douterions pas que si le constituant avait voulu que l'usufruit portât essentiellement sur un champ, les constructions qui transformeraient ce champ en une maison n'amenassent la perte de l'usufruit. Elles l'amèneraient, parce que la substance du champ n'existerait plus. Si, au contraire, le champ avait été considéré par le constituant comme terrain nu, susceptible de recevoir des constructions, la circonstance que l'usufruitier aurait élevé des bâtiments ne lui ferait pas perdre son droit. Nous irions jusqu'à dire que, le terrain étant affecté spécialement à être bâti, l'usufruitier ne pourrait en jouir conformément à sa destination qu'en bâtissant, et nous déciderions que, faute d'avoir bâti pendant trente ans, il aurait perdu son droit par non-usage.

Si nous supposions l'usufruit constitué sur un marais qui viendrait à être desséché, sur un champ qui subirait une inondation définitive, sur un terrain livré à un mode d'exploitation déterminé, lequel viendrait à être changé, par exemple sur un

(1) La décision que consacre l'art. 624 était universellement repoussée pour l'usufruit appartenant à la douairière; universellement admise pour l'usufruit ordinaire, sauf par Pothier. Bourjon, exposant la différence qui existait à cet égard entre l'usufruitier ordinaire et la douairière, avouait qu'il ne pouvait trouver les raisons de cette différence et que la décision lui semblait dure contre l'usufruitier, si celui-ci avait acheté son droit; mais il n'osait aller aussi loin que Pothier. (*Droit commun*, tom. II, p. 33.)

vignoble qui serait transformé en prairie, le droit d'usufruit serait perdu, parce que, dans ces diverses hypothèses, il n'y aurait plus de marais, plus de champ, plus de vignoble.

116. Les modifications substantielles entraîneront toujours l'extinction de l'usufruit, quelle que soit la cause qui les ait produites, qu'elles proviennent du hasard ou du fait d'un agent doué d'intelligence, même du nu-propriétaire. Seulement dans ce dernier cas, comme l'indemnité la plus naturelle à accorder à l'usufruitier serait la reconstitution de l'usufruit, le nu-propriétaire pourrait se voir obligé, sous peine de dommages-intérêts, à reconstituer l'usufruit, si la chose était possible. Si l'auteur du changement était un tiers, l'usufruitier n'aurait contre lui qu'une action en dommages-intérêts. Si la modification résultait du fait de l'usufruitier même, loin d'avoir droit à une indemnité, il pourrait, suivant les cas, être tenu d'en payer une au nu-propriétaire.

117. Il pourrait se faire que la maison détruite fût assurée.

Quel serait, par rapport à l'usufruitier, le résultat de l'assurance ?

En distinguant par qui et à quelle époque la maison a été assurée, on formera trois hypothèses :

Première hypothèse. — L'usufruitier a consenti lui-même l'assurance quant à son usufruit, ou bien, la toute-propriété a été assurée par le nu-propriétaire postérieurement à la constitution d'usufruit. Alors il aura droit, en cas de sinistre, à la partie d'indemnité représentative de l'usufruit.

Deuxième hypothèse. — La nue-propriété seule a été assurée. Il ne reviendra rien à l'usufruitier.

Troisième hypothèse. — Un plein propriétaire avait, avant la constitution d'usufruit, assuré sa toute-propriété. A moins que l'usufruitier n'ait participé au paiement de la prime, cet usufruitier n'aura aucun droit sur l'indemnité ; car, le contrat d'assurance, n'engendrant qu'un droit personnel, reste à son égard *res inter alios acta.* Il ne peut non plus prétendre que le nu-propriétaire ait été, dans la limite de l'usufruit, son *nego-*

tiorum gestor, puisque le contrat d'assurance a été consenti à une époque où l'on ne pouvait songer à la constitution de l'usufruit.

118. L'usufruit une fois éteint par la perte matérielle ou juridique de la chose, revivra-t-il si celle-ci revient à son état premier? Dans le cas de ruine de la maison et de reconstruction postérieure, tout le monde est d'accord. L'usufruit restera éteint, parce que la maison rebâtie ne sera jamais la même que celle dont la chute a eu lieu. Dans le cas où un champ, transformé en marais, ou réciproquement, revient à son état primitif, la controverse commence : suivant les uns, l'usufruit renait, à quelque époque qu'ait lieu le retour à la situation primitive; d'autres n'appliquent cette décision que dans le cas où la chose reviendrait à son état primitif avant trente ans, sinon l'usufruit serait perdu par le non-usage et ne pourrait plus revivre. Cette deuxième opinion était celle des plus anciens jurisconsultes romains.

Quant à nous, nous repoussons également ces deux systèmes. L'un et l'autre ne peut se soutenir qu'en prétendant que le changement substantiel de la chose amène, non pas une extinction, mais une paralysie du droit. Or, nous avons démontré que, dans le cas de changement, il y a perte réelle du droit (n° 113). Si le droit a été réellement éteint, comment pourrait-il revivre? A quel titre? Le premier acte de constitution perd sa force du moment que la perte arrive. Comment lui faire produire des effets postérieurs? Remarquez d'ailleurs que le premier système, d'après lequel la renaissance de l'usufruit pourrait se produire, lors même que le changement de la chose aurait duré plus de trente ans, ne se conçoit qu'à la condition d'admettre, quant à la perte par non-usage, une cause de suspension tirée de l'impossibilité d'exercer le droit. Mais nous verrons (n° 176) que cette base de la première opinion manque, et que le droit français n'a pas reçu la maxime : « *Contra non valentem agere non currit præscriptio.* »

Quant au second système, ses partisans tireront-ils argument de l'art. 704, qui consacre leur décision pour le cas de servitudes? Mais la résurrection d'un droit est une chose exorbitante qui ne peut s'étendre d'un cas à l'autre. D'ailleurs cet argument prouverait trop, car les servitudes renaissent en cas de *reconstruction*, et personne n'admet que l'usufruit revive dans ce cas. L'art. 704 a ses raisons d'être. Les servitudes, en général, sont utiles à l'agriculture. On comprend qu'on soit plus favorable à leur restauration qu'à celle de l'usufruit, qui est une charge sans profit public.

Il suffirait enfin, croyons-nous, pour faire rejeter le second système, de démontrer les résultats inadmissibles ou l'inconséquence choquante qu'il entraîne. Ce système, en effet, suppose que dans le cas de changement substantiel de la chose, il y a moins perte immédiate, que perte au bout des délais du non-usage. Or de deux choses l'une : ou bien l'on défendra à l'usufruitier, dans l'intervalle des trente ans, de faire aucun acte sur la chose modifiée, et comme le nu-propriétaire n'aura pas le droit d'en exercer, puisque l'usufruit ne sera pas encore éteint, voilà un bien qui restera inoccupé pendant un long espace de temps; ou bien l'on permettra à l'usufruitier de faire acte de jouissance, et s'il perd son droit primitif par non-usage, il en aura acquis un nouveau par prescription.

§ 2. — Perte des objets incorporels.

149. Nous appliquerons aux objets incorporels les mêmes décisions qu'aux objets corporels. Par exemple, un usufruit étant constitué sur un brevet d'invention, quinze ans s'écoulent depuis l'obtention du brevet; la découverte tombe dans le domaine public; l'usufruit cesse. De même l'usufruit d'une rente viagère est éteint par la perte de cette rente.

150. Faudrait-il décider de même dans le cas de remboursement d'une rente perpétuelle? Pothier (Douaire, n° 73) répondait négativement. D'après les idées de subrogation réelle, admises autrefois, le prix de la rente était la représen-

tation de cette rente même, et par conséquent l'usufruit passait de la rente sur le prix de remboursement. (V. n° 140.) Aujourd'hui, la même solution devrait encore incontestablement être donnée pour tout usufruit universel, résultant de la loi ou du fait de l'homme. Le remboursement des rentes comprises dans cet usufruit n'empêcherait pas le droit de l'usufruitier de porter sur le capital remboursé.

Mais, si l'usufruit était établi à titre particulier sur une rente, le droit de l'usufruitier devrait s'éteindre par le remboursement (à moins cependant que l'intention du constituant n'eût été de faire porter le droit d'usufruit sur le capital provenant de la rente, tout aussi bien que sur la rente elle-même, c'est-à-dire de constituer sur la rente, non pas un véritable usufruit, mais un quasi usufruit). Les parties ont su en effet que, d'un moment à l'autre, la rente pouvait être remboursée, et par conséquent l'objet même de l'usufruit, la chose incorporelle, disparaître. Il est bien entendu que, si l'usufruitier prouvait quelque collusion entre le crédit rentier et le débiteur de la rente, il pourrait réclamer des dommages et intérêts.

Si l'usufruit avait été constitué sur une créance (à terme), nous déciderions de la même manière, sous les mêmes réserves.

SECTION VIII.

CONSOLIDATION.

151. La définition que le Code fait de la consolidation, a, par elle seule, donné lieu à une controverse. Selon quelques auteurs, le mot *consolidation* ne s'appliquerait bien qu'à l'acquisition de la nue-propriété par l'usufruitier, dont le droit, éminemment aléatoire et vacillant prend une fixité qu'il n'avait pas d'abord. Donc le Code aurait eu tort de définir la consolidation : « la réunion sur la même tête des qualités d'usufruitier et de propriétaire » (Marcadé).

D'autres auteurs affirment que cette expression de consolidation s'applique non-seulement à l'acquisition de la nue propriété par l'usufruitier, mais encore à celle de l'usufruit par le nu-propriétaire, et que le Code a entendu changer la définition du droit romain et de notre ancien droit (M. Demolombe). Par lui-même, et dans son étymologie, le mot consolidation, peut-on dire, représente parfaitement la définition du Code (V. n° 48).

D'après M. Demolombe, cette controverse aurait beaucoup d'intérêt. La consolidation ne faisant pas évanouir les droits des tiers, ceux-ci auraient grand avantage à voir étendre le cercle des cas dans lesquels il y a consolidation.

Quant à nous, nous avouons que l'utilité pratique de cette discussion nous échappe. Dans tous les cas, que la consolidation soit le résultat de l'acquisition de l'usufruit par le nu-propriétaire ou de la nue propriété par l'usufruitier, les droits des tiers devront être maintenus, puisque l'extinction de l'usufruitier sera toujours le résultat d'un concours de volontés entre le nu-propriétaire et l'usufruitier, ou au moins de l'adhésion donnée par l'un à la manifestation de la volonté de l'autre.

D'ailleurs, on peut soutenir que la controverse purement philologique qui s'est élevée au sujet du 3° de l'art. 617 n'a pas de raison d'être. Sur quoi se basent, en effet, les reproches ou les éloges que les partisans des deux systèmes adressent au Code? Sur cette idée que par les mots « réunion, sur la même tête, des deux qualités d'usufruitier et de propriétaire, » le Code a entendu donner la définition du mot consolidation. Mais, peut-être le Code n'a-t-il pas eu cette pensée, et peut-être la seconde partie de la phrase citée n'est-elle pas l'explication du mot saillant de la première. Le législateur prévoit deux cas bien distincts : 1° celui de consolidation, c'est-à-dire d'acquisition de la nue propriété par l'usufruitier ; 2° celui de réunion sur la même tête des deux qualités d'usufruitier et de nu-propriétaire ; dans ce second membre de la phrase, il est permis de croire que le Code prévoit le cas inverse de celui qu'il prévoyait dans le précédent, c'est-à-dire par conséquent le cas où c'est le propriétaire qui acquiert l'usufruit. Et ce qui confirme grammaticalement cette interprétation, c'est que le législateur ne dit pas : Par la *consolidation ou* RÉUNION.... il dit : Par la *consolidation,* ou LA *réunion*.... Ce sont deux moyens qu'il présente de front, et non pas une définition, une explication qu'il entend donner de son premier terme. Ainsi, il n'y aurait aucun reproche à adresser au Code ; le mot consolidation aurait bien été pris par lui dans son ancien sens ; seulement, au cas où l'usufruitier devient propriétaire, le Code aurait ajouté celui où le nu-propriétaire acquiert l'usufruit.

152. Du reste, quelque parti que l'on prenne sur cette discussion ; par les mots « réunion sur la même tête des qualités de nu-propriétaire et d'usufruitier », il ne faut pas entendre tous les cas où le nu-propriétaire verrait l'usufruit se réunir à sa nue propriété, car alors les autres modes d'extinction y seraient compris, et il aurait été parfaitement irrationnel de présenter celui-ci comme un mode spécial. Il faudra restreindre le sens du 3° de l'art. 617, au cas où c'est le nu-propriétaire qui a acquis l'usufruit par un des modes non mentionnés dans les autres n°ˢ. — Mais, va-t-on dire, où trouver un exemple de consolidation s'opérant au profit du nu-propriétaire ? Assurément dans le cas de mort de l'usufruitier, nous ne verrons pas une hypothèse de consolidation au profit du nu-propriétaire ; il n'y aura qu'extinction de l'usufruit par la mort de l'usufruitier. Mais, dans le cas de vente ou de donation de l'usufruit par l'usufruitier au nu-propriétaire, nous déciderions autrement. Il n'y aurait pas là une véritable renonciation à l'usufruit, et nous dirions que le droit du nu-propriétaire s'est consolidé.

Tous les événements qui font arriver la nue propriété à l'usufruitier sont donc des causes de consolidation. Il n'en est pas de même de tous ceux qui font arriver l'usufruit au nu-propriétaire.

153. Par la consolidation, il y a moins extinction que

paralysie du droit. Le droit n'est pas éteint : il sommeille.

151. La conséquence pratique de cette observation, c'est que, engourdi par la confusion, l'usufruit peut très-bien se réveiller si la confusion cesse. — Du moment que la confusion cesse *ex causa antiqua et necessaria*, elle est censée n'avoir jamais existé. Ainsi, le nu-propriétaire d'un fonds lègue ce fonds à l'usufruitier. Paralysie de l'usufruit. Plus tard, des héritiers à réserve font tomber la disposition testamentaire. Le légataire recouvre son ancien droit d'usufruit. Si la confusion ne cessait que par une cause postérieure à la réunion de l'usufruit et de la nue propriété, si, par exemple, après la consolidation, l'usufruitier vendait la propriété de la chose sur laquelle il avait autrefois un droit d'usufruit, il ne pourrait pas prétendre que son ancien usufruit subsiste. La seule chose qu'il pourrait faire, serait de ne vendre que la nue propriété, et alors ce serait un droit nouveau d'usufruit formel qu'il aurait.

Quand la confusion cesse *ex causa antiqua et necessaria*, l'usufruit se réveille sans qu'il y ait lieu aux distinctions subtiles du système romain. Ainsi, l'usufruit d'un fonds m'est légué purement et simplement; la nue propriété l'a été sous condition à Titius; *pendente conditione*, j'acquiers la nue propriété de l'héritier propriétaire intérimaire. Consolidation. Plus tard, la condition mise au legs de la nue propriété fait à Titius se réalise. Mon acquisition de la nue propriété est résolue, et par conséquent aussi la consolidation. Mon usufruit revivra, bien que dans ce cas le droit romain le déclare définitivement éteint (n° 57). Du reste, la décision du droit romain avait été repoussée dans notre ancien droit français comme contraire à l'équité (*V.* Pothier, du Douaire, n° 251. — Dumoulin, Cout. de Paris).

155. Il y a des cas où, bien que l'usufruitier soit successeur du nu-propriétaire, la confusion ne se produira pas, et par conséquent où l'usufruit ne sera pas éteint, au moins provi-

soirement. Tel sera le cas de l'acceptation de la succession
sous bénéfice d'inventaire, car l'effet du bénéfice d'inventaire
est précisément d'empêcher la confusion de s'opérer entre les
biens de l'héritier et ceux du défunt.

SECTION IX.

RENONCIATION

156. La renonciation est l'abdication que l'usufruitier fait
de son droit.

Quand elle aura eu lieu en vue spécialement de procurer un
avantage, soit à titre gratuit, soit à titre onéreux, au nu-
propriétaire avec lequel une convention sera intervenue à
cette fin, elle constituera soit une donation, soit une vente,
un échange, etc.

Pour que la renonciation ait un caractère qui lui soit bien
propre, il faut donc supposer que l'usufruitier a rejeté son
droit sans aucune idée de favoriser le nu-propriétaire, mais
parce qu'il trouvait les charges de l'usufruit trop lourdes, parce
qu'il voulait, par exemple, se dispenser de payer l'impôt.

Il faut en un mot concevoir spéculativement la renonciation
à l'usufruit, comparée à la donation ou à la vente qui en serait
faite, comme on conçoit la renonciation à une succession,
comparée à la vente ou à la donation de cette succession.

§ 1er Formes de la renonciation.

157. Du reste, la renonciation faite même en vue de procurer un avantage au nu-propriétaire, quand elle aura lieu à
titre gratuit, ne sera une donation que quant à ses effets et non
quant à ses formes. Donc, elle n'aura pas besoin d'être faite avec
les solennités requises par les art. 931 et suivants. Il ne sera
pas nécessaire que l'acceptation ait lieu par acte authentique.
La renonciation et l'acceptation peuvent être, soit expresses,
soit tacites, pourvu qu'elles ne soient pas équivoques. Ainsi,

la renonciation résulterait de la participation directe de l'usufruitier à la vente de l'objet soumis à son usufruit, et au rem-
ploi de la somme provenant de cette vente. Par exemple, le
propriétaire déclare qu'il vend la pleine et entière propriété;
l'usufruitier signe, comme témoin, l'acte de vente; sa signature
emportera renonciation à son usufruit (rej. 2 fév. 1852). Il
devait protester, et ne pas contribuer à tromper le tiers acquéreur (Agen, 17 juill. 1813). Une simple observation adressée
par lui à l'acquéreur, lui eût coûté si peu de chose, que son
silence doit être regardé comme significatif.

À la vérité, l'article 621 dit que « la vente de la chose sujette
à usufruit ne fait aucun changement dans le droit de l'usufruitier; et que celui-ci continue de jouir de son usufruit s'il
n'y a formellement renoncé. »

Pris à la lettre, cet article semblerait exiger que la renonciation de l'usufruitier, pour lui être opposable, fût faite en
termes exprès.

Mais une telle interprétation, contraire à l'esprit général du
Code, ne le serait pas moins à l'appréciation historique de la
rédaction de l'art. 621. Dans le projet de l'an VIII, le texte était
ainsi conçu : « L'usufruitier est censé renoncer à son droit,
lorsqu'il consent à la vente de la chose; » rédaction qui admettant implicitement la valeur d'une renonciation tacite,
faisait l'application de ce principe à un cas prévu. Les tribunaux d'appel de Bruxelles et de Rouen firent observer (mais
sans attaquer aucunement le principe), que l'application particulière qu'on en faisait pourrait être exagérée, que, dans certains cas, le consentement ou tout au moins la présence de
l'usufruitier à la vente serait susceptible de s'expliquer sans
intention de renonciation; qu'il en serait ainsi, lorsque l'usufruitier ne serait appelé au contrat que *honoris causa*, ou pour
être mis en relation avec l'acquéreur; que, par conséquent,
les termes des art. 621 devaient être moins absolus.

C'est pour faire droit à ces observations que l'art. 621 reçut
sa rédaction actuelle. Cette rédaction a donc pour but unique

non pas de déclarer inefficace la renonciation tacite de l'usufruitier, changement que personne ne réclamait, mais de
restreindre dans des limites raisonnables la présomption de
renonciation tacite qu'on pourrait tirer de certains actes
de l'usufruitier. En d'autres termes, le mot « formellement »
de l'art. 621, doit être regardé comme synonyme de ceux-ci :
« d'une manière non équivoque. »

§ 3. — Capacité pour renoncer.

a. — Renonciation constituant un acte à titre gratuit.

158. Dans le cas où la renonciation sera l'équivalent d'une
donation conformément à ce que nous avons dit, n° 156, elle
ne pourra être faite que par des personnes qui auraient la
capacité requise pour donner.

Ainsi, ne pourraient renoncer à titre gratuit, les insensés
et les interdits ;

Les condamnés à des peines qui emportaient autrefois mort
civile ;

Les mineurs ;

Les tuteurs, même avec l'autorisation du conseil de famille ;

Les femmes mariées ;

Le mari (quant à l'usufruit constitué au profit de la communauté), si ce n'est pour l'établissement des enfants communs,
ou encore à titre particulier, lorsqu'il s'agira d'usufruit mobilier.

b. — Renonciation constituant un acte à titre onéreux.

159. Dans les cas où la renonciation sera l'équivalent d'une
vente, il faudra distinguer entre les renonciations à un usufruit mobilier, et celles à un usufruit immobilier.

Le tuteur seul ;

La femme séparée de biens, dans les limites de l'administration ;

Le mineur émancipé, dans les limites de l'administration ;

Le mari (quant à l'usufruit appartenant à la communauté),
pourront faire les premières.

Les mineurs non émancipés;

Les femmes non séparées de biens;

Les interdits

Ne le pourraient pas.

S'il s'agit d'usufruit immobilier, ne peuvent renoncer :

Les femmes même séparées de biens, sans l'autorisation du mari;

Le tuteur, sans l'autorisation du conseil de famille et l'homologation du tribunal;

Le mineur, même émancipé, sans observer les formes prescrites au tuteur.

c. — Renonciation pure et simple.

160. Quant aux renonciations véritables, c'est-à-dire celles qui consistent en une abdication pure et simple du droit, elles ne constituent pas une donation, il est vrai, mais elles s'en rapprochent par le résultat. Comme les actes purement gratuits, en effet, elles sont l'aliénation d'un droit sans l'acquisition d'un équivalent. Nous exigerons donc, en général, pour faire cette abdication, la capacité requise pour renoncer à titre gratuit; et en cela nous croyons nous conformer à l'esprit général du Code, qui est de considérer les aliénations faites sans perception d'un équivalent, comme quelque chose de plus grave qu'un acte à titre onéreux (Arg. des art. 461 et 467).

Ainsi nous ne permettrons les renonciations même à un usufruit mobilier,

Ni aux interdits,

Ni aux mineurs, même émancipés,

Ni aux femmes mariées, même séparées de biens.

Nous ne les permettrons au mari que dans les limites de l'art. 1422.

Nous les permettrons aux individus qui ont subi des peines emportant autrefois mort civile; car l'incapacité de donner dont les frappe, même après qu'ils ont subi leur peine (art. 3

de la loi de 1854), n'est nullement fondée sur la faveur qu'inspirerait leur situation.

§ 3. — Effets de la renonciation.

161. A partir de quel moment la renonciation à un usufruit produit-elle son effet? Est-ce seulement à partir de l'acceptation ou même avant?

Il faut distinguer entre les diverses espèces de renonciations que nous avons admises.

La renonciation qui constitue une vente ne produira ses effets que lorsque la convention se sera formée.

De même, pour que la renonciation à titre gratuit, qui équivaut à une donation, soit définitivement obligatoire contre le renonçant, il faudra que l'acceptation du nu-propriétaire ait eu lieu.

Quant à l'abdication pure et simple du droit, est-elle un acte unilatéral, qui, une fois qu'il a eu lieu, doit produire son effet, même à l'insu du propriétaire et malgré lui? Tel est le système que soutient M. Demolombe, mais que nous ne pouvons accepter. Le nu-propriétaire ne peut, par le fait d'un tiers, se trouver grevé de charges que ce tiers s'était engagé à supporter pendant la durée normale de son usufruit. Suivant nous, le droit auquel aura renoncé l'usufruitier sera vacant, et nous déciderons, par analogie de ce qui se passe en matière de succession, que le renonçant pourra ressaisir l'usufruit, tant que le nu-propriétaire n'aura pas pris les allures que suppose la toute-propriété.

162. Si la renonciation vient à être résolue *ex causa antiqua*, elle sera censée non avenue et l'usufruit reviendra à l'ancien usufruitier. Si elle devenait inutile *ex causa posteriori*, par exemple, si le propriétaire abandonnait la chose postérieurement à l'acquisition qu'il a faite de l'usufruit par la renonciation de l'usufruitier, celui-ci n'aurait plus rien à prétendre sur son ancien usufruit. Si un ascendant avait renoncé à un usufruit en faveur de son descendant nu-propriétaire, et que celui-ci prédécédât, l'ascendant ne reprendrait pas l'usufruit, pas même par droit de succession anomale, l'usufruit n'étant pas transmissible à titre successoral. Mais si l'ascendant avait stipulé un droit de retour, et que la condition mise au retour se réalisât, nous déciderions autrement, et, bien que l'usufruit qui s'est reposé sur la tête du nu-propriétaire puisse, spéculativement, être considéré comme n'étant pas absolument le même que celui qui appartenait à l'usufruitier, nous ne pousserions pas la subtilité jusqu'à prétendre que l'usufruitier ne reprendrait pas son usufruit formel.

163. Par la renonciation, l'usufruitier se délivre, pour l'avenir, de ses charges et de ses obligations en tant qu'usufruitier.

164. La renonciation que fait l'usufruitier peut porter préjudice à ses créanciers. Ceux-ci ont alors la ressource de faire tomber l'acte de leur débiteur. Mais à quelles conditions la rescision sera-t-elle soumise? Faudra-t-il que la renonciation ait été non-seulement préjudiciable, mais encore frauduleuse, ou bien le simple préjudice suffira-t-il? La difficulté vient de ce que les termes du Code civil varient, dans les diverses hypothèses d'application qu'il fait de l'action Paulienne. L'art. 1167 exige la fraude; un autre article, l'art. 1464, également. D'autres articles semblent se contenter du simple préjudice (articles 622, 788, 1053, 2125). Dans le cas de renonciation à l'usufruit spécialement, l'art. 622 n'exige que le préjudice.

165. Remarquons bien d'abord que l'art. 622 ne prévoit que les renonciations proprement dites : quant à celles qui présenteraient le caractère *de vente* ou *de donation*, leur rescision serait sans aucun doute assujettie non pas à la règle de l'art. 622, mais à celle de l'art. 1167. Par conséquent, elles ne pourraient être annulées que si elles étaient entachées de fraude (même d'après les systèmes qui n'exigent pour faire tomber les renonciations pures et simples à un usufruit que la condition du préjudice).

Nous ferons entre les renonciations présentant le caractère de vente, et celles qui constituent une donation, cette différence : que les premières ne seront rescindées qu'autant que la fraude aura existé et chez l'usufruitier et chez le nu-propriétaire, tandis que pour l'annulation des secondes la fraude de l'usufruitier seul suffira.

166. Quant aux renonciations pures et simples, la disposition de l'art. 622 semblerait ne pas laisser de place à la controverse, et pourtant quatre systèmes sont soutenus.

1er Système. — Pour que les créanciers aient le droit de faire rescinder les actes quelconques de leur débiteur, même les renonciations, il faut qu'il y ait eu fraude. Voici comment raisonnent les partisans de cette première opinion : A l'époque de la rédaction des articles antérieurs à l'art. 1167, les rédacteurs du Code n'avaient aucun parti pris sur la question de savoir si l'exercice de l'action Paulienne serait soumis à la double condition du préjudice et de la fraude, ou à la condition unique du préjudice. Les mots *au préjudice* ayant l'avantage de laisser la question indécise, ils s'en servirent de préférence au mot *fraude*, qui l'aurait résolue dans un sens sur lequel ils n'étaient pas d'accord. Plus tard, lorsqu'on en vint à établir la règle générale, on laissa le mot *préjudice* pour prendre le mot *fraude*, qui comprend tout à la fois le *consilium* et l'*eventus*. Par là, la question restée indécise dans les articles antérieurs se trouve résolue : l'acte attaqué, de quelque nature qu'il soit, ne peut être révoqué qu'autant qu'il est tout à la fois préjudiciable et frauduleux. Ce qui prouve que c'est bien là la pensée de la loi, c'est que tous les articles qui suivent l'art. 1167 et qui sont relatifs à l'action Paulienne, en soumettent l'exercice à la double condition du préjudice et de la fraude (art. 1447 et 1464). La disposition de l'art. 1464 est surtout concluante : l'espèce qu'elle prévoit (renonciation à la communauté) est en effet, quant au point qui nous occupe, entièrement semblable à l'espèce prévue par les articles 622 et 788.

On a dirigé contre ce premier système les objections suivantes : il est purement hypothétique, a-t-on dit. 1° Il suppose que les rédacteurs ne se sont mis d'accord pour exiger la double condition du préjudice et de la fraude, que lors de la rédaction de l'art. 1167 ; qu'auparavant, ils entendaient laisser la question indécise. Mais sur quoi, sur quels documents baser cette assertion? Si cela eût été, rien de plus facile que de corriger les articles antérieurs à 1167. Un seul mot de la discussion de l'art. 1167 prouve-t-il cette intention? Cet article n'a donné lieu à aucune observation au conseil d'État ni au tribunat. Les rapporteurs et les orateurs n'ont rien dit qui pût faire présumer que les expressions de l'art. 1167 étaient le type auquel on devait rapporter tous les cas analogues prévus par la loi. Leur silence est d'autant plus significatif que le titre des obligations, dans lequel se trouve l'art. 1167, a été voté le 17 pluviôse an XII (7 février 1804), et le titre de l'Usufruit, qui contient l'art. 622, le 9 pluviôse an XII (30 janvier 1804). Si l'idée d'une différence ne s'était pas présentée à l'esprit du législateur, aurait-il laissé passer deux expressions présentant un sens différent dans deux articles qui étaient soumis à son contrôle, à huit jours de distance l'un de l'autre?

2° Qu'on ne vienne pas dire non plus, ajoute-t-on, que tous les articles postérieurs à l'art. 1167, qui s'occupent de l'application de l'action Paulienne, exigent la condition de la fraude. L'art. 2225, qui permet aux créanciers de faire tomber la renonciation consentie par leur débiteur à une prescription acquise, n'exige nullement que la renonciation ait été frauduleuse.

2° SYSTÈME. — Il faut distinguer entre les *renonciations* qui n'ont pas pour but direct de conférer un droit aux personnes appelées à recueillir à défaut du renonçant, et la *cession* à titre onéreux ou même à titre gratuit, qui serait faite par celui auquel le droit appartient. Dans le premier cas, le simple préjudice suffit ; dans le deuxième cas, il faut la fraude. Ce système se fonde sur l'observation suivante : « La renonciation absolue a quelque chose d'étrange et de suspect que ne présente pas une aliénation proprement dite, même quand celle aliénation a lieu à titre gratuit; et cela avait frappé le tribunal de cassation qui demandait que pour la rescision des renonciations, on se contentât du simple préjudice, tandis que, pour celle des aliénations, soit à titre gratuit, soit à titre onéreux, on exigerait le *consilium* et l'*eventus* suivant les principes de l'action Paulienne en droit romain.

Les art. 622 et 688 consacreraient cette proposition.

3e SYSTÈME. — Il faut distinguer entre les actes à titre onéreux, et les actes à titre gratuit; pour l'annulation des deuxièmes, le simple préjudice suffira; pour celle des premiers, la fraude sera requise.

Ces deux systèmes tombent devant cette observation bien simple que l'art. 1464, qui parle d'une simple renonciation à la communauté, exige, pour la faire tomber, la condition de la fraude. Or, cette renonciation n'est pas un acte à titre onéreux; donc le troisième système pèche par sa base. Elle n'est pas non plus un acte de cession, mais une simple renonciation; donc l'art. 1464 condamne également le deuxième système.

4e SYSTÈME. — Il faut respecter l'expression employée par le législateur, et par conséquent, interpréter chaque cas particulier par les termes employés dans les articles spéciaux qui prévoient ces cas. Ainsi l'art. 1167 exige la condition de fraude et est général. Donc, pour faire tomber les actes, en général, il faudra qu'ils aient été frauduleux. Par exception, si des articles spéciaux se contentent du simple préjudice, les actes prévus par ces articles pourront être annulés quand ils seront préjudiciables, encore qu'ils ne soient pas frauduleux; telle sera la décision à donner pour la renonciation à un usufruit, à une succession, à une prescription, à la jouissance d'un grevé de substitution.

Ce système invoque la rédaction primitive du Code comparée avec la rédaction actuelle. Le mot *fraude* se trouvait dans le premier projet du Code, et c'est à dessein qu'il a été remplacé par le mot *préjudice*, d'après cette observation du tribunal de cassation que : « Il doit suffire que la renonciation porte préjudice aux créanciers, quoiqu'elle ne soit point frauduleuse par l'intention du renonçant, pour qu'il y ait lieu de la faire annuler.» Le même changement d'expression fut effectué par le même motif, dans l'art. 788 (Fenet, t. 2. p. 113, 115, 110 et 569).

167. Quant à nous, nous adoptons, en définitive, le premier système, parce que nous ne voyons aucun motif de différence entre le cas de renonciation à une communauté et celui de renonciation à une succession, à un usufruit. Peut-être, dans l'origine, l'intention des rédacteurs a-t-elle été de faire une distinction entre les actes de renonciation et ceux d'aliénation proprement dite, et c'est ainsi qu'on expliquerait la substitution du mot *préjudice* au mot *fraude*, dans les articles 622 et 788. Mais cette idée, le législateur l'a abandonnée. Il a, dans tous les cas, exigé la condition de la fraude. L'article du projet primitif de l'an VIII qu'a remplacé l'art. 1167 était fort incomplet. Le tribunal de cassation proposa, à l'occasion de cet article, de n'exiger pour l'annulation des renonciations que le simple préjudice. Les rédacteurs n'ont pas eu égard à cette proposition. Donc, par l'art. 1167, ils ont modifié le système qu'ils avaient adopté prématurément dans l'art. 622. Est-ce à tort ou à raison? C'est à tort, disent les uns; car la renonciation gratuite, faite de bonne foi, sera respectée, au détriment des créanciers du renonçant, et pourtant: « Qui certat de damno vitando, præferendus est ei qui certat de lucro captando. » — C'est à raison, disent les autres; car la circonstance qu'un homme a des dettes ne le fait pas déchoir du droit civil de faire des donations. Sa fortune, il est vrai, est le gage commun de ses créanciers, mais sa fortune telle quelle, susceptible d'augmenter ou de diminuer. Si ses créanciers veulent des sûretés spéciales, ils doivent en prendre. Ils n'ont qu'à s'imputer de n'avoir pas requis des garanties particulières.

A notre système, on objecte que la loi s'est servie, dans certains articles, du mot *préjudice*, et on insiste : « Le préjudice, ce n'est pas la fraude. » Cette objection ne doit pas nous arrêter. Dans le langage du législateur, les mots *préjudice* et *fraude* sont synonymes. Ce qui le prouve, c'est ce passage d'un exposé de motifs de Treilhard, passage relatif à l'art. 788, d'après lequel les créanciers de celui qui renonce à une succession, *au préjudice de leurs droits*, peuvent attaquer sa renonciation : « Il n'est pas moins superflu d'annoncer ici qu'un héritier ap- « pelé à une succession utile, ne saurait en frustrer ses créan- « ciers par des renonciations dont il aurait peut-être touché « secrètement le prix : la bonne foi doit être la base de tous les « actes. » Ce langage peut-il se rapporter au simple préjudice ? Non ; car pour qu'il n'y eût que préjudice, il faudrait que l'héritier fût *de bonne foi*, et il ne pourrait certainement être de bonne foi et *avoir secrètement touché le prix de sa renonciation et frustré* ses créanciers. Treilhard suppose donc qu'il faudra, pour faire tomber la renonciation, qu'elle ait été frauduleuse. Dans l'exposé des motifs du titre des Donations, par le citoyen Bigot-Préameneu, nous trouvons ces mots, relatifs à l'annulation de la renonciation faite à sa jouissance, par un grevé de substitution : « S'il y avait un abandon en *fraude* des créanciers, il serait juste que leurs droits fussent conservés. » Et pourtant, l'art. 1053, dont Bigot analyse en ces termes la disposition, ne parle que de *préjudice*. Il est donc évident que, par préjudice, le législateur entendait fraude, et que les articles 622, 788, 1053, 2225 ne sont que la répétition, par synonymes, des termes de l'art. 1167. Et en effet les expressions mêmes dont se sert le Code : « Renoncer au préjudice, à leur préjudice » (art. 788), « préjudicier » (art. 1053), ne sont pas les équivalents de : « causer un préjudice en renonçant. » Elles impliquent une direction de volonté, une tendance malveillante, une fraude, que ne supposent pas ces dernières.

C'est ce qui résulte spécialement, quant à l'usufruit, du discours du tribun Garry, dont voici les paroles : « l'usufruit s'éteint.... C» par la renonciation. Mais ici le projet de loi veille pour les créanciers, qui peuvent faire annuler la renonciation, quand elle est faite à leur préjudice. *Cette disposition n'est pas nouvelle.* » On le voit, pas d'idée d'innovation, conservation des anciens principes, qui étaient d'exiger la condition de la fraude. Le mot *préjudice* est toujours l'équivalent de *fraude.*

Ainsi, suivant nous la renonciation à un usufruit ne pourra être annulée que si elle a été faite en fraude des créanciers.

168. L'art. 622 spécialement n'est donc que l'application de l'art. 1167. Conséquences :

1° L'art. 1167 pose deux cas exceptionnels, dans lesquels le créancier ne pourra attaquer l'acte même frauduleux fait par son débiteur. Ces deux cas sont : le partage de la succession et le partage de la communauté, et cela se conçoit, puisque les créanciers peuvent, pour sauvegarder leurs droits, intervenir au partage et prévenir la fraude. Donc, dans le cas de renonciation à un usufruit par un acte de partage, les créanciers seront obligés de respecter l'acte de leur débiteur, lors même qu'il serait entaché de fraude ;

2° Les créanciers antérieurs auront seuls le droit de se prévaloir de l'annulation de la renonciation (au moins dans une opinion que nous admettons, et dont nous n'avons pas ici à établir la valeur).

SECTION X.

PERTE PAR NON-USAGE.

169. Si l'usufruitier est resté trente ans sans jouir de son droit, son usufruit se trouvera éteint et fera retour à la nue propriété. Remarquons qu'il n'est nullement nécessaire que le nu-propriétaire ait fait le moindre acte de possession ou de quasi-possession, quant à l'usufruit dont il va désormais avoir l'avantage. L'usufruitier qui a laissé passer trente ans sans jouir, est considéré comme ayant abandonné son droit.

La propriété ne se perd pas, comme l'usufruit, par le non-usage. Il faudrait non seulement que le propriétaire, pour perdre sa propriété n'eût pas exercé son droit, il faudrait en-

core que quelqu'un eût possédé le bien contre lui. Cette différence tient à la nature même des choses. Dans le cas d'usufruit,
il y a toujours en présence deux personnes déterminées, l'usufruitier et le nu-propriétaire. Si l'usufruitier n'exerce pas son
droit pendant trente ans, le nu-propriétaire se trouve là pour
recueillir le bénéfice du droit qui échappe à l'usufruitier. On
peut, jusqu'à un certain point, présumer que celui-ci, connaissant l'existence du nu-propriétaire, a entendu lui transmettre
l'avantage de la jouissance. Au contraire, le plein-propriétaire
n'est en relation avec personne. Il a négligé de jouir pendant
trente ans, soit. Qu'en conclure? Qu'il a entendu faire l'abandon
de son droit? Mais au profit de qui ? Au profit de personne. On
conçoit que l'usufruitier ait pu, soit céder son droit au nu-propriétaire, soit y renoncer en sa faveur. Mais on ne verrait pas
à qui le plein-propriétaire aurait eu l'intention de transmettre
sa propriété. Il n'a pas joui. Économiquement, il a eu tort,
soit. Mais juridiquement, ce n'est pas une cause de déchéance.

170. La perte de l'usufruit par non-usage n'est pas la même
chose que la prescription de l'usufruit contre l'usufruitier. Cependant, les rédacteurs du code ont établi de nombreux points
de contact entre ces deux modes d'extinction du droit d'usufruit et même parfois ils les ont confondus. Ainsi le tribun
Garry disait, dans son discours : « L'usufruit s'éteint. . . . . . .
. . . . 4° Par le non-usage du droit pendant trente ans. C'est la
loi *de la prescription* introduite pour le repos de la société ». Le
tribun Perreau dans son rapport avait également, en parlant
du non-usage, employé les expressions suivantes : « L'usufruit
cesse naturellement par la *prescription* ; car il importe à la conservation des biens que la jouissance ne soit pas trop longtemps séparée du domaine ».

De cette remarque résultent pour nous des conséquences
assez importantes :

Ainsi, les causes d'interruption ou de suspension, qui s'op-
posent à l'accomplissement de la prescription ordinaire s'appli-

queront à la perte de non-usage. Quant aux causes qui interrompraient la prescription, seront-elles suffisantes pour faire considérer comme non avenu le non-usage antérieur? Nous ne le pensons pas, parce que pour conserver son droit, l'usufruitier doit *user* ou au moins *jouir réellement*, et que les causes d'interruption ne sont pas des actes de jouissance ni d'usage.

171. Nous allons étudier successivement chacun des deux éléments nécessaires pour qu'il y ait perte pour non-usage : 1° Inaction de l'usufruitier; 2° laps d'un certain espace de temps.

a. — Inaction de l'usufruitier.

172. Pour que l'usufruitier conserve son droit il faut qu'il l'exerce, c'est-à-dire qu'il accomplisse les actes que suppose l'usufruit. Il ne suffirait point par exemple, qu'il eût traversé quelquefois le fonds, s'il n'en avait point perçu ou tiré de fruits. Il faut aussi que les actes qu'il pratique soient par lui accomplis en qualité d'usufruitier. Car, s'il se considérait comme le fermier du nu-propriétaire, les faits de jouissance qu'il accomplirait ne l'empêcheraient pas de perdre son droit par le non-usage.

173. On s'est demandé si l'usufruitier perdrait son droit, lorsque le défaut d'usage provient d'un cas de force majeure. Nous pouvons écarter d'abord de la question l'hypothèse où la circonstance de force majeure aurait anéanti la substance de la chose soumise au droit d'usufruit. Alors, en effet, il y aurait, ainsi que nous l'avons vu dans une des sections précédentes, extinction immédiate de l'usufruit par la perte de la chose. Nous devons donc exclusivement nous occuper de l'hypothèse où l'impossibilité d'user ne résulterait pas d'une modification de la chose, entraînant, d'après la volonté des parties, la perte du droit. Prenons, par exemple, l'hypothèse d'une occupation par l'ennemi, ou celle de la clôture d'une maison par l'autorité en vertu de la loi sur les logements insalubres. Au bout de trente ans, l'usufruitier qui n'a pu jouir de

sa chose aura-t-il perdu son droit, ou bien les trente ans ne courront-ils que du jour où, matériellement, cet usufruitier aurait pu commencer à jouir? La question n'est que celle de savoir si la perte par non-usage admet d'autres causes de suspension que celles mentionnées dans les art. 2251, 2260. Quant à nous, nous ne le pensons pas. Le système du droit français n'est pas d'admettre la règle : « *Contra non valentem agere, non currit præscriptio.* » Chez nous, la suspension est l'exception, et il faut restreindre les exceptions aux termes de la loi. D'ailleurs, la décision que nous adoptons est positivement consacrée par l'art. 707, relatif aux servitudes réelles. Quelle que soit donc la cause qui empêche l'exercice de l'usufruit, les trente ans, pour sa perte, courront à partir du premier jour de non-usage.

174. L'usufruitier qui n'a usé que d'une partie de la chose, a-t-il conservé son droit? Nous renvoyons cette question au chapitre où nous traitons de la perte partielle (n° 203).

175. Qu'arriverait-il si l'usufruitier avait joui autrement que ne le prescrivait son titre ou la destination naturelle de la chose?

Si l'usufruitier a donné à la chose une destination nouvelle, il sera rare qu'il n'en ait pas changé la substance, et que, conformément à ce que nous avons vu plus haut, le droit d'usufruit ne soit pas éteint, par suite de la perte de la chose. Si l'usufruitier a altéré, appauvri la substance plutôt qu'il ne l'a changée, il aura généralement abusé de la jouissance et pourra encore perdre son usufruit conformément à l'art. 618. Enfin si, sans changer ou altérer la substance, il a joui de la chose autrement qu'il ne le devait, on pourra dire qu'il n'a pas joui, et au bout de trente ans, il aura perdu son droit par non-usage. C'est ainsi que le décidait l'ancien droit (Pothier, du Douaire, n° 249), et ainsi probablement qu'il faut le décider sous l'empire du Code, très-favorable en général, nous le savons, à l'extinction de l'usufruit. Il est nécessaire que, pour conserver son droit, comme nous l'avons dit, l'usufruitier fasse des actes de jouissance, et des actes de jouissance en vertu de son titre et en qualité d'usufruitier. Mais nous entendons bien que si l'usufruitier, sans faire des actes de jouissance proprement dits, faisait des actes de propriétaire, il pourrait, au lieu de perdre son droit, acquérir la toute-propriété par prescription, si les actes qu'il a accomplis étaient assez importants pour constituer l'interversion de son titre, et s'il les avait accomplis avec l'intention de devenir propriétaire. Il pourrait aussi avoir prescrit l'usufruit caractérisé par sa jouissance nouvelle, mais il faudrait alors qu'il eût manifesté nettement son espèce d'usurpation, et qu'il se fût bien gardé de fonder ses actes de jouissance sur son premier titre d'usufruitier (art. 2240 et 2238).

176. Du reste, si la jouissance est convenable, peu importe qu'elle soit exercée par l'usufruitier même ou par un autre en son nom; par exemple, par un fermier qui lui paie ses fermages, par un cessionnaire.

177. Faudra-t-il dire, avec le droit romain, que lors même que le fermier ou le cessionnaire n'userait pas, l'usufruit serait retenu par suite du profit que l'usufruitier tire du fait de la location ou de la cession? Cet avis est admis sans réserve par Pothier et Proud'hon. Quant à nous, nous croyons devoir apporter un tempérament à cette doctrine absolue. Sans doute, que l'usufruitier perçoive les fruits naturels de la chose, ou des fruits civils à l'occasion de cette chose, il jouit, et par conséquent on ne peut prononcer contre lui la perte par non-usage, puisque cette perte n'est encourue que par l'usufruitier qui reste trente ans sans tirer de fruits quelconques de la chose; peu importe donc que le locataire ou le cessionnaire pratique des actes matériels de jouissance. Mais toujours est-il que les fruits civils sont des produits directs, immédiats, périodiques, et qu'on ne peut pas dire que l'usufruitier *jouit*, si l'utilité qu'il tire de la chose n'a pas ce triple caractère.

De cette observation résulte une distinction entre le cas où un prix unique a été une fois stipulé et payé, en retour de la cession de l'usufruit, ou de la location de la chose, et celui, au contraire, où le paiement du prix a été distribué en diverses échéances périodiques. Dans le premier cas, lors même que l'usufruitier aurait placé le prix unique par lui touché, et lui aurait fait produire des intérêts, ces intérêts ne naîtront pas directement de la chose, ils n'en seront pas les fruits civils, et l'usufruitier ne *jouira* pas en réalité de la chose grevée d'usufruit. Il pourra donc parfaitement perdre son droit par non-usage, si le cessionnaire ou le locataire n'exercent pas des actes de jouissance effective.

Si, au contraire, le prix avait été échelonné et payé à plusieurs échéances périodiques, par exemple si chaque année le cessionnaire ou le locataire payaient, d'après la convention, une somme déterminée, nous n'hésiterions pas à voir dans la réception de cette somme par l'usufruitier une perception de fruits suffisante pour lui conserver son droit, malgré l'absence de tout acte de jouissance matérielle du fermier ou du cessionnaire. (*Confer.*, Demante, t. II.)

178. Mais remarquons bien que, même en ce dernier cas, si un tiers se mettait à posséder le droit d'usufruit, la prescription de ce droit, qui est bien différente de la perte par non-usage, s'accomplirait nonobstant les perceptions de fruits civils que l'usufruitier aurait faites. Et cela se conçoit : la personne qui possède à fin de prescription le droit d'usufruit exerce pleinement ce droit ; elle méconnaît, elle nie le droit de l'usufruitier, et par conséquent écarte lui-même ou ses ayants-cause de toute action sur la chose. Peu importent les relations personnelles qui peuvent exister entre l'usufruitier et des tiers. Seulement notons, en passant, que, dans le cas de prescription, le fermier aurait dû avertir l'usufruitier dont il tient son droit, des actes d'usurpation commis par le tiers possesseur, et que s'il ne l'a pas fait en temps opportun, il sera tenu de dommages-intérêts envers cet usufruitier, qui aura perdu son droit non plus par non-usage mais par prescription.

b. — Délai.

179. Le délai du non-usage est de trente ans ordinairement. Il pourrait être plus long si l'on suppose des causes de suspension.

Le délai de trente ans nous vient de l'ancien droit français. En droit romain, le délai du non-usage était, sous Justinien, le même que celui de l'usucapion : dix ou vingt ans pour les immeubles, trois ans pour les meubles; une différence entre l'usufruit immobilier et l'usufruit mobilier n'est pas faite par le droit français, quant à la perte par non-usage.

180. Quel est le point de départ du non-usage? C'est évidemment le dernier acte de jouissance; trente ans après ce dernier acte, le délai du non-usage est accompli. Cette règle a paru à quelques auteurs rigoureuse dans certains cas où il s'agit d'une jouissance qui, suivant eux, ne peut s'exercer qu'à des intervalles très-éloignés, comme celle d'une forêt dont la coupe ne devrait, d'après le règlement de propriétaire, avoir lieu que tous les trente-cinq ans. L'usufruitier fait une première coupe. A l'époque de la deuxième, plus de trente ans se seront écoulés entre le premier et le deuxième acte de jouissance. L'usufruit sera perdu. Mais cela n'a rien de choquant. La coupe de la futaie ne constitue pas le seul acte de jouissance possible d'une forêt. L'usufruitier pouvait couper le taillis, recueillir la glandée, en un mot faire acte de jouissance. Il ne l'a pas fait? Il n'est pas à plaindre. *Qui damnum sua culpa sentit, sentire non videtur.*

181. En droit romain, l'usufruit *repetitus* ne pouvait s'éteindre par le non-usage (non plus du reste que par les causes d'extinction, autres que la mort et la perte de la chose). En droit français, doit-on admettre la même solution? D'abord, s'il y a répétition expresse, prévoyant la perte par non-usage, il est évident qu'on doit conserver le droit pour s'attacher à la volonté du testateur. Quant à la répétition tacite, existe-t-elle même aujourd'hui? En droit romain, le legs d'usufruit *in annos* ou *in dies*, le legs à *temps*, le legs *quamdiù vivet*, le legs *alternis annis* offraient des cas de répétition tacite. Dans ces hypothèses, l'usufruit une fois éteint revivait parce que, disait-on, il y avait plusieurs legs conditionnels, et que *dies istorum legatorum cedebat tantum ab eventá conditione;* or, la condition de chacun des legs différents c'était l'extinction du legs précédent. Aujourd'hui, nous croyons devoir repousser le système romain. Quelle que soit la formule dont s'est servi le testateur, à moins que cette formule ne présente une intention non équivoque de répétition, il n'y a qu'un legs qui s'est ouvert dès la mort du testateur, et par conséquent qu'un seul usufruit. Cet usufruit une fois éteint, pourquoi revivrait-il? La disposition du droit romain, qui admettait des répétitions tacites, était peut-être nécessaire à Rome, où l'usufruit était soumis à des causes si nombreuses d'extinction, et spécialement à celle qui résultait des trois *capitis demunitiones.* En tout cas, il y avait là dérogation au droit général. Or, les dérogations ont besoin d'être établies expressément. Du moment que le Code civil n'adopte pas la répétition tacite par un article formel, c'est qu'il entend la rejeter. D'ailleurs, aujourd'hui, à quoi servirait cette répétition? A prévenir la perte par le non-usage, par la consolidation, par l'abus de jouissance (la mort civile n'existe plus), c'est-à-dire tous cas de perte qui proviennent d'une négligence ou d'un fait de l'usufruitier. Si cet usufruitier veut éviter la perte, il le peut en s'abstenant ou en agissant. Le testateur n'a donc pas besoin d'être prévoyant pour lui. Dès lors, pourquoi la loi présumerait-elle, dans certains cas, cette prévision et cette intention de la part du constituant? La répétition devra donc être formelle. (*Contra*, Demante et Toullier.)

SECTION XI.

PRESCRIPTION.

182. L'usufruit peut s'éteindre par la prescription, bien distincte du non-usage, puisqu'elle suppose nécessairement qu'un tiers possède le droit d'usufruit contre l'usufruitier.

Cette différence n'est pas la seule qui existe entre la perte par non-usage et la prescription.

Ainsi la prescription, à la différence de la perte par non-usage, s'accomplira non-seulement par trente ans, mais encore par dix ou vingt ans, si la personne qui possède l'usufruit a juste titre et est de bonne foi.

La prescription de l'usufruit mobilier pourra être instantanée, tandis que la perte par non-usage de ce même usufruit n'aurait jamais lieu qu'au bout de trente ans.

Par le non-usage, l'usufruit se perd individuellement. Au contraire, par la prescription, il peut se perdre connexement avec la propriété, et, dans ce cas, il ne serait pas impossible qu'un possesseur même de mauvaise foi acquît par moins de trente ans l'usufruit. C'est ce qui aurait lieu si une personne possédant de mauvaise foi la toute-propriété, laquelle se trouvait effectivement libre de toutes charges, une constitution d'usufruit était faite postérieurement au profit d'un tiers contre qui le possesseur de la chose continuerait à posséder. Après ce qui resterait de temps à courir pour la prescription de la toute-propriété, l'usufruit se trouverait perdu. Il pourrait arriver ainsi que, vingt-cinq, vingt, dix ans et même beaucoup moins de temps après sa constitution, l'usufruit fût éteint.

(Voyez encore, n° 178, une autre différence entre la perte de l'usufruit par non-usage, et la prescription de cet usufruit.)

183. Nous avons dit que la prescription de l'usufruit pouvait avoir lieu par dix ou vingt ans. Les circonstances dans lesquelles cette proposition se vérifiera peuvent se ramener à trois :

1° Une personne a acheté de bonne foi un usufruit de quelqu'un qui n'est pas propriétaire de la chose, ou bien qui n'est que nu-propriétaire; 2° une personne a acquis de bonne foi *a non domino* la *toute*-propriété d'un immeuble grevé d'usufruit; 3° un nu-propriétaire a racheté le droit de quelqu'un qu'il croyait usufruitier, mais qui ne l'était pas réellement.

184. Dans tous ces cas, la prescription de l'usufruit s'acquerra par dix ou vingt ans, et corrélativement, par dix ou vingt années, le droit se trouvera perdu pour le véritable titulaire. Cette décision, que nous donnons sans hésiter, s'appuie sur l'art. 2265, lequel consacre la possibilité de prescrire de bonne foi par dix ou vingt ans un immeuble. Or, l'usufruit immobilier, aux termes de l'art. 526, est un immeuble par l'objet auquel il s'applique. On a contesté la valeur de cet argument, en soutenant que dans l'art. 2265, la loi, par immeuble, entend un immeuble corporel, et en concluant que les immeubles incorporels ne sont pas susceptibles de prescription acquisitive. Mais il y a là une affirmation des plus hasardées : l'art. 2228, qui définit la possession nécessaire pour arriver à la prescription, dit qu'elle est la détention d'une chose ou la *jouissance d'un droit* que nous tenons ou que nous *exerçons*. Donc, la prescription peut s'appliquer même à des droits, c'est-à-dire à des choses incorporelles. Dès lors, pourquoi l'usufruit ne serait-il pas susceptible de prescription? Si la propriété, qui est le tout, peut être prescrite, pourquoi l'usufruit, qui est la partie, ne le pourrait-il pas? D'ailleurs, certaines servitudes peuvent être acquises par prescription. L'usufruit qui se manifeste par une série d'actes nombreux, réitérés, presque incessants, qui est bien plus agressif dans son incommodité que les servitudes apparentes et continues, ne doit-il pas tout au moins être assimilé à celles-ci?

On a encore dit contre la prescriptibilité de l'usufruit : la preuve que le Code n'a pas voulu admettre la perte de l'usufruit par la prescription acquisitive de dix ou de vingt ans, c'est qu'il a fixé à trente ans la durée du non-usage.

Ce raisonnement est bien pauvre, il n'acquiert quelque apparence de valeur que par une confusion faite entre la perte de l'usufruit par non-usage, et la prescription de l'usufruit accomplie contre l'usufruitier, lequel alors perd en effet son droit.

Nous renforcerons donc cet argument, tant nous le redoutons peu, par une observation négligée, savoir : que dans les art. 708 et 709, relatifs à l'extinction des servitudes, le Code appelle prescription la perte par non-usage. Cela dit, nous constaterons que dans l'espèce qui nous occupe, il s'agit d'une prescription acquisitive, d'où cette conséquence que le Code, qui a prévu la *perte par non-usage*, improprement appelée quelquefois prescription (et nécessairement alors *prescription libératoire*), n'a pas prévu la prescription acquisitive qui fait l'objet de notre étude en ce moment. S'ensuit-il qu'il ait voulu rejeter les distinctions faites et les faveurs établies dans l'article 2265? Sans doute, il s'est référé au droit commun et n'a pas cru devoir régler des hypothèses dominées par un principe général. D'ailleurs, le législateur a-t-il, dans l'art. 617, prévu tous les cas d'extinction possibles de l'usufruit? Personne ne le soutient. Il a seulement indiqué les cas spéciaux. Quant aux causes d'extinction qui se rapportent au droit commun, le plus souvent il ne s'en est pas expliqué, ce qui ne fait pas qu'il ait eu l'intention de les écarter. Autrement, il faudrait dire que l'usufruit ne s'éteindra pas par la résolution du droit du constituant, puisque ce mode d'extinction n'est pas prévu par l'art. 617. Si le législateur n'a pas expressément prévu dans cet article la prescription de dix ou vingt ans, c'est probablement qu'à l'époque de la rédaction de l'art. 617 la question de savoir si l'on admettrait cette prescription était encore indécise, et qu'on ne voulait pas la trancher à l'avance. Quel argument d'ailleurs tirer du silence du législateur, si l'on réfléchit que dans l'ancien droit, sous l'empire de la coutume de Paris, par exemple, qui était muette comme le Code, compare les art. 114 et 186. (*Cout. de Paris*), et les art. 317; 4° et

2265 C. Nap.; sur la question de prescriptibilité de l'usufruit, on admettait parfaitement la prescription acquisitive de l'usufruit? Que l'on en trouvera la rédaction presque identique, et l'on sera convaincu que les rédacteurs du Code ont voulu reproduire en notre matière les règles de l'ancien droit, interprétée par les commentateurs. (Voir Dumoulin, sur la *Cout. de Paris*; Pothier, *du Douaire*. Ferrière, sur l'art. 117 de la *Cout. de Paris*; Lalaure, *Cout. de Paris*; d'Argou, *Institut.*; d'Argentré, sur la *Cout. de Bretagne*.)

Ainsi, suivant nous, l'usufruit sera prescriptible par dix ou vingt ans lorsque le possesseur sera de bonne foi. En vertu des principes généraux, nous admettrons également que l'usufruit pourrait se prescrire par trente ans au profit d'un acquéreur de mauvaise foi.

185. Après avoir établi ces notions, reprenons les trois cas que nous avons indiqués tout à l'heure (n° 183), et dans lesquels l'usufruitier pourra perdre son usufruit par suite de l'accomplissement de la prescription de bonne foi.

1er Cas. — Un tiers de bonne foi achète un usufruit immobilier d'une personne qui n'est pas propriétaire du fonds ou qui n'en est que nu-propriétaire. Dix ou vingt ans s'écoulent, l'usufruitier a perdu son usufruit. Cet usufruit est-il alors réellement éteint? Suivant Delvincourt, il n'est pas éteint, il n'est que transféré. Cette proposition est inexacte. Le premier usufruit est bien éteint: l'usufruit acquis par prescription est un usufruit nouveau, distinct de l'autre, et la preuve, c'est qu'il serait impossible de dire que la caution du premier usufruitier garantit les abus de jouissance du second. On ne pourrait prétendre non plus que le premier usufruitier fût tenu de répondre des fautes du second, ce qui aurait lieu pourtant s'il n'y avait que transmission

M. Demolombe combat l'opinion de Delvincourt. Toutefois il soutient à son tour que l'usufruit du premier usufruitier n'est pas éteint, qu'il est seulement paralysé par l'existence du second usufruit. La conséquence qu'il en tire, c'est que si ce second usufruit vient à cesser avant que l'époque de la perte du premier par non-usage soit arrivée, celui-ci revit. Ce système est contraire à toutes les idées reçues en matière de prescription. Une fois qu'un droit est perdu par l'accomplissement de la prescription, il ne peut revivre de lui-même, quels que soient les événements postérieurs qui surviennent. La prescription n'est pas une paralysie, mais bien une perte des droits. Autrement, il faudrait dire que le propriétaire dont la propriété a été prescrite par un acquéreur de bonne foi n'a pas perdu sa propriété, que seulement son droit est paralysé dans ses mains, et que, par conséquent, il renaîtra si le droit du prescrivant vient à cesser sans transmission, par exemple si celui-ci abandonne la chose. D'ailleurs le premier usufruitier n'est pas à plaindre. Il a eu tous les délais pour faire les actes conservatoires de son droit, pour interrompre la prescription, pour revendiquer. L'usufruit, qui était sa chose, est devenu quant à lui la chose du possesseur.

2e Cas. — Une personne achète de bonne foi *a non domino* la toute-propriété d'un immeuble qui a été antérieurement grevé d'usufruit. Elle possède la chose comme pleine-propriétaire tant contre le véritable maître que contre l'usufruitier. Après dix ou vingt ans, elle aura acquis la toute-propriété et non pas seulement la nue-propriété. Si l'usufruit n'avait été constitué que postérieurement à l'acquisition faite de la toute-propriété par la personne de bonne foi, cet acquéreur au bout de dix ou vingt ans, n'en aurait pas moins acquis la toute-propriété, et par conséquent dans l'espèce la prescription de l'usufruit se serait accomplie par moins de dix ou vingt ans.

3e Cas. — Un nu-propriétaire rachète sa libération de quelqu'un qu'il croit usufruitier. Il se met dès lors à posséder comme plein-propriétaire la chose dont un autre a réellement l'usufruit. Le véritable usufruitier qui voit se manifester la prétention du nu-propriétaire à la toute-propriété du fonds, qui voit se réitérer contre lui, et à son exclusion, des actes publics, contiuns, non équivoques, de jouissance, devait intenter l'action confessoire. Il ne l'a pas fait? Il a perdu le droit qu'il avait.

186. La prescription de l'usufruit est soumise aux mêmes causes d'interruption ou de suspension que la prescription de la toute-propriété. Si donc, l'usufruitier est mineur, la prescription de l'usufruit sera suspendue pendant tout le temps de la minorité, et par conséquent, en supposant l'achat d'une toute-propriété *a non domino* et le nu-propriétaire majeur, la nue propriété pourra être prescrite alors que la toute-propriété ne le serait pas encore.

Quant à la prescription instantanée de l'art. 2279, elle n'admet pas de cause de suspension ni d'interruption. Donc l'acquéreur de la toute-propriété d'un meuble grevé d'usufruit aura acquis immédiatement la toute-propriété, lors même que le titulaire de l'usufruit serait mineur.

SECTION XII.

ABUS DE JOUISSANCE.

187. Nous avons vu qu'en droit romain l'abus de jouissance n'était pas une cause d'extinction de l'usufruit. Toutefois, certains commentateurs avaient soutenu le contraire, et leur autorité aurait été, au dire des auteurs modernes, assez grande pour faire admettre leur opinion par la majorité de l'acienne doctrine française. Mais l'étude attentive des anciennes coutumes et des anciens auteurs, nous amène à douter fortement de la valeur de cette assertion. Ainsi, l'ancienne coutume de Bourgogne, art. 193, contenait bien la disposition suivante : « Femme qui laisse son douaire en désert, et ne le maintient, « l'on la doit sommer à mettre en état, et se elle en est refu- « sant, le pueut mettre en leur demoine comme le leur. » Mais l'art. 23 de la nouvelle coutume rédigée en 1459 par les ordres du duc Philippe, n'est plus aussi affirmatif : « La veuve sera « tenue de maintenir en bon et convenable état les biens de son « douaire. » Si elle manque à cette prescription perdra-t-elle

son douaire? Les cahiers dressés pour la réformation de la coutume de Bourgogne, en 1569, par les ordres de Charles IX, répondaient d'une manière négative, titre VII, art. 200 et 201 : « La femme qui prend douaire sur les biens de son feu mari, « est tenue de le maintenir en bon état, à peine de tous dépens « et intérêts; et si elle dissipe les biens de sondit douaire, les « héritiers du mari peuvent agir pour la contraindre à les remet- « tre en bon état, et pour leurs dépens et intérêts, sans *qu'elle* « *perde ledit douaire.* » Il est vrai que ces cahiers de réformation n'ont jamais reçu la sanction royale ni même celle du Parlement; mais il n'en est pas moins probable que les commissaires n'avaient, dans les art. 200 et 201, fait que donner l'interprétation généralement adoptée pour l'art. 25 de la coutume de 1459.

La coutume de Bretagne s'exprimait en ces termes, art. 447 ancien et 468 nouveau : « Et si elle est endouairée, et on luy ait « baillé terres, maisons, etc., si elle les laisse dépérir, elle sera « dessaisie du douaire, et sera regardé le dommage qu'elle aura « faict, et d'autant comme le dommage sera estimé, le revenu « dudit douaire sera diminué, et ce qui en devra demeurer à la « douairière lui sera baillé par la main de l'héritier principal. » Ainsi la douairière est bien privée de la détention physique de la chose, mais elle conserve les avantages pécuniaires de la jouissance, à la charge par elle d'indemniser les héritiers du dommage causé. Bourjon, *Dr. commun de la France*, p. 732, t. 1, n° 56 dit : « Si la veuve dégrade les héritages sujets à son douaire cou- « tumier, elle ne doit pas, pour ce, être privée de la jouissance « d'icelui, mais elle doit des dommages et intérêts aux héritiers « de son mari; c'est une suite de la condition que la coutume « attache à sa jouissance. En effet, il est de principe que tout « usufruitier doit jouir en bon père de famille. » De même Charondas; Guérin; Chassanée; Lebrun, *Traité des successions,* p. 297 et 298; Louis Legrand, *Com. sur la coutume de Troyes,* p. 380, n° 10 : « Nous n'observons pas l'authentique *qui rem.* « *C. de episc. et cleric.,* qui veut que l'usufruitier abusant en la

« jouissance de son usufruit, en soit privé. » Lemaître, *Sur la coutume de Paris*, p. 308, art. 262 : « Si la femme laisse tomber « les bâtiments par sa négligence, elle ne perd pas son usufruit, « mais elle est tenue de les faire rétablir. » De même encore un arrêt du 15 janvier 1583; Tournet, *Sur l'article* 262 *de la Coutume de Paris*, et Basnage, *Traité du Douaire*, sur l'art. 375 de la cout. de Normandie, adoptent le système de la coutume de Bretagne. Dans le même sens, Pothier *Du Douaire*, n° 262; Ferrière, t. III, p. 906. Il est bien vrai que certaines coutumes (Anjou, art. 311; Bourbonnais, art. 264; Nivernais, titre 24, art. 11; Tours, art. 334; Maine, art. 324; Loudun, ch. 31, art. 7 et 8) et les arrêts de certains parlements (Toulouse et Bordeaux, notamment arrêt du 18 janvier 1521), décidaient que l'usufruit de la douairière ou l'usufruit ordinaire, se perdent par l'abus de jouissance. Mais un commentateur de la coutume d'Anjou, explique la prescription de l'art. 311 de cette coutume, dans le même sens que l'art. 268 de la coutume de Bretagne, c'est-à-dire que ce ne sera que la détention physique que perdra la douairière, mais qu'elle conservera les avantages pécuniaires (Dupineau, *Sur l'art.* 311, *Cout. d'Anjou*, p. 988, observ. 1). Dupineau était conseiller au présidial d'Angers, et son ouvrage est le fruit d'une longue expérience. Il est donc probable que l'interprétation qu'il nous indique était suivie en fait, et que, par conséquent, la pratique était de ne faire perdre à l'usufruitier que la détention matérielle qu'on remettait au nu-propriétaire, lequel payait à l'usufruitier une redevance équivalente aux avantages de l'usufruit. Toutefois, certains auteurs ne faisaient pas cette restriction, et se bornaient à déclarer que l'abus est un mode de cessation de l'usufruit, et que, par conséquent, l'usufruit en ce cas fait retour à la nue propriété, sans aucune charge de la part du nu-propriétaire. (Dumoulin, glose 1, n° 46, *Sur l'art.* 1, *Cout. de Paris*; Guy Coquille, *Sur l'article* 2, tit. 24, *Nivernais*; Choppin, *Traité de la propriété des biens*, l. 3, t. 1 et 3; D'Espeisses,

t. 1, p. 632, n° 4; Renusson, *Donat.*, ch. 13, n° 21 ; Aymon, *Sur la cout. d'Auvergne*, tit. 21, art. 16, n° 7; Féron, *Cout. de Bordeaux*, titre des fiefs, art. 22.)

188. Il est à remarquer que les auteurs et les Parlements qui décidaient que l'abus de jouissance fait perdre le droit de l'usufruitier, ne doutaient pas que leur opinion ne fût celle du droit romain. Quant aux pays dont les coutumes donnaient la même décision, ils touchaient au ressort des parlements méridionaux, et il n'est pas étonnant que leur législation, sous l'influence de ce voisinage, présente des traces du droit romain, tel qu'on l'interprétait à l'époque où elle se forma. Ainsi, sans l'explication défectueuse d'un passage du Digeste, et sans l'extension irréfléchie d'une novelle, peut-être n'eût-on jamais pensé à frapper l'usufruitier d'une peine que ne réclamait ni l'équité, ni même l'intérêt du nu-propriétaire.

L'erreur, une fois établie, prit de si fortes racines, qu'elle persistait encore à l'époque de la rédaction du Code civil. Perreau, en effet, dans son rapport au tribunat, se croyait, après avoir analysé l'art. 618, obligé de le rapprocher du passage du Digeste auquel nous faisons allusion, c'est-à-dire du fr. 9, § 3, *de damn. infect.*

189. Suivant ce courant d'idées, les rédacteurs du Code rangèrent l'abus de jouissance au nombre des causes de déchéance de l'usufruitier. Plusieurs tribunaux d'appel s'élevèrent contre l'injustice de ce système, quelques-uns avec timidité (Orléans), d'autres avec plus de hardiesse (Lyon, Poitiers, Angers). Le tribunal de Rouen, sans demander une modification de la pénalité infligée à l'usufruitier mauvais administrateur, la trouvait cependant *rigoureuse*.

190. Le législateur, malgré ces réclamations, admit l'abus

de jouissance comme cause d'extinction de l'usufruit. Toutefois, ce ne fut pas sans discussion. Defermon disait, au conseil d'État, que les intérêts du propriétaire sont suffisamment garantis par la caution que l'usufruitier est tenu de fournir et par les précautions qui la suppléent : que d'ailleurs son droit à reprendre l'usufruit est éventuel, tandis que celui que l'usufruitier a de le conserver est certain. Le consul Cambacérès répondit qu'il ne s'agissait pas ici de quelques dommages particuliers, résultant de dégradations peu importantes, mais d'empêcher que le propriétaire ne fût privé de sa chose par une dégradation totale. « Une caution, ajoutait-il, ne suffit pas pour lui donner cette dernière garantie; d'abord, elle peut devenir insolvable; mais, ce qui est bien plus ordinaire, elle contestera sur l'étendue de son engagement. » Nous ne comprenons pas, pour notre part, ces réflexions de Cambacérès. Comment, une caution ne suffit pas pour donner au propriétaire l'assurance de conserver sa chose! Mais alors, dans quel but exige-t-on cette caution? Peut-on soutenir que le cautionnement exigé de l'usufruitier n'a pas un double objet : la restitution de la chose à la fin de l'usufruit, et le paiement des dégradations? La caution contestera, dit-on, l'étendue de son engagement? Cela lui est impossible, car elle s'est engagée pour répondre de la *jouissance* de l'usufruitier, et, par conséquent, des dégradations considérables aussi bien que de celles de peu d'importance. Ce n'est même probablement qu'en vue de dégradations considérables qu'on l'exige; en effet, pour les petites, on pourrait s'en rapporter à la solvabilité de l'usufruitier, sans exiger l'adjonction d'un débiteur accessoire. La caution peut devenir insolvable, ajoute-t-on Mais alors, aux termes de l'art. 2020, le nu-propriétaire a le droit d'en demander une autre. Le Code a donc eu tort, suivant nous, de mettre l'abus de jouissance au nombre des modes de cessation de l'usufruit. Et, en effet, quelles seront les dégradations de nature à constituer un abus de jouissance? Ce seront évidemment celles seulement qui pourraient faire craindre au propriétaire l'anéantissement de sa chose. Mais l'usufruitier qui sait que son droit s'éteint avec la chose, n'a-t-il pas intérêt à conserver celle-ci, à ne pas commettre sur elle des dégradations qui en compromettent l'existence? Quel motif pourrait-il avoir d'agir autrement? Un motif de haine contre le nu-propriétaire? Il y regardera à deux fois avant de satisfaire des idées de vengeance, si cette satisfaction lui coûte un droit. D'ailleurs, même en ce cas si exceptionnel qu'on ne doit pas en prévoir la possibilité, une mesure moins rigoureuse se présentait, c'est celle du F. 9, *damni infecti*. Il eût suffi de priver l'usufruitier de sa jouissance jusqu'à ce qu'il eût accompli les réparations nécessaires. Mais le priver dès à présent de son droit, mais faire profiter le nu-propriétaire d'un fait qui doit lui être indifférent, une fois qu'il est assuré d'en être indemnisé, c'est exorbitant, c'est un souvenir de l'ancien système de confiscation, qui était autrefois si en faveur, et que les progrès du droit criminel ont heureusement fait disparaître.

191. Le législateur a si bien compris la défectuosité de son système, qu'à peine l'a-t-il admis il cherche à en restreindre l'effet, à en atténuer l'excessive rigueur. L'abus de jouissance, à la différence des autres modes d'extinction, est un mode de cessation judiciaire, c'est-à-dire qu'il ne résulte que de la décision des juges. Le Code autorise ceux-ci, suivant les cas, à ne prononcer l'extinction du droit que moyennant indemnité. Ce n'est donc que dans les cas graves que l'usufruitier pourra être entièrement privé de son droit.

Quels sont ces cas? Les Cours impériales sont souveraines en cette matière, et leur décision échappe à la censure de la Cour suprême. Du reste, l'abus peut provenir, soit d'une action, soit d'une inaction; c'est ce qui résulte de ces termes du Code :

« Soit en commettant des dégradations sur le fonds, soit en le laissant dépérir, faute d'entretien. » Bien que l'art. 618 ne parle que de dégradations commises sur un fonds, il n'en faut pas moins reconnaître que l'abus de jouissance commis sur un tout autre objet qu'un fonds, éteindrait l'usufruit constitué sur cet objet. L'art. 618 n'est pas limitatif, il n'a cité l'hypothèse d'un fonds qu'à titre d'exemple, et parce que c'est le cas le plus fréquent.

192. Si les actes imputés à l'usufruitier ne paraissent pas assez graves pour entraîner sa déchéance du droit, les juges peuvent, dit l'art. 618, n'ordonner la rentrée du propriétaire dans la jouissance de *l'objet*, que sous la charge de payer annuellement à l'usufruitier ou à ses ayants cause, une somme déterminée jusqu'à l'instant où l'usufruit aurait dû cesser. Ils pourraient également, bien que l'art. 618 ne le dise pas, se borner à ordonner les mesures conservatoires prescrites par les art. 602 et 603, pour le cas où l'usufruitier ne trouve pas de caution ; s'ils ont le droit de prononcer la déchéance de l'usufruitier, *a fortiori* doivent-ils pouvoir, dans le cas où ils ne la jugent pas tout à fait nécessaire, donner au nu-propriétaire certaines garanties. Ainsi, ils pourraient ordonner que l'immeuble serait mis en séquestre ou affermé, que le meuble serait vendu et le prix placé pour l'intérêt en être touché par l'usufruitier. Ils pourraient encore autoriser la rentrée en jouissance du nu-propriétaire, sous la condition de solder non pas une rente annuelle, mais une somme une fois payée, dont le montant serait calculé sur la durée présumée de l'usufruit. Toutefois, dans ce dernier cas, si l'événement postérieur démontrait que l'usufruit se fût éteint avant l'époque présumée par le jugement, le nu-propriétaire devrait avoir le droit de répéter sur la somme par lui payée une part proportionnelle à l'excédant de durée pris en considération par les juges. Autrement, l'usufruitier bénéficierait de la décision judiciaire qui le regarde comme indigne de conserver personnellement la jouissance.

Les juges pourraient aussi soumettre à la nécessité d'une caution l'usufruitier qui aurait été dispensé d'en fournir.

193. L'abus de jouissance, pour entraîner la déchéance de l'usufruitier, doit-il avoir été commis par l'usufruitier lui-même? Suffirait-il qu'il eût été commis, à son insu, par une personne à qui il aurait remis la garde de la chose ou bien par un fermier? Non, quoiqu'il soit pécuniairement responsable des actes de ces personnes. La cessation de l'usufruit, pour abus de jouissance, est évidemment une peine, et comme une peine ne peut frapper que le coupable, l'usufruitier ne doit pas être puni pour le délit d'autrui. C'est bien assez qu'il doive réparer le dommage causé.

194. *Des droits des créanciers de l'usufruitier.* — Dans le cas où l'usufruitier a des créanciers, ceux-ci sont intéressés à ce qu'il conserve le plus longtemps son droit. L'usufruitier abuse; doivent-ils souffrir de sa faute, et l'extinction qui frappe le droit de l'usufruitier doit-elle rejaillir contre eux? Le projet du Code ne s'occupait pas d'eux. Portalis fit remarquer cette lacune au conseil d'État : suivant lui, l'expulsion de l'usufruitier suffisait pour mettre à couvert l'intérêt du propriétaire; mais comme elle ne devait pas devenir pour lui une cause de bénéfice, il était juste qu'il payât jusqu'à due concurrence les dettes de l'usufruitier. En vain dirait-on que les créanciers auraient dû prévoir que celui-ci pourrait mal administrer, et par conséquent, auraient dû asseoir leur garantie sur des bases plus solides que son usufruit. Resterait toujours cette grande considération que la mauvaise administration de l'usufruitier ne doit pas devenir une source de profit pour le propriétaire. Cambacérès fit observer qu'on pourrait rédiger l'article de manière à ne préjuger rien contre les créanciers. Il suffisait d'ajouter : *sans préjudice des droits légitimes des créanciers.* Bigot-Préameneu répondit qu'il était possible de pourvoir également à l'intérêt des créanciers et à celui du propriétaire. Le propriétaire n'est pas forcé de mettre en cause les créanciers; le jugement rendu sans eux a toute sa force; mais il semble que si ensuite ils proposent de réparer les dégrada-

tions en indemnité desquelles l'usufruit a été aboli ou restreint, l'usufruit doit revivre à leur profit. Malleville objecta qu'ils ne seroient plus admissibles après la contestation terminée. Suivant Treilhard, les créanciers ne peuvent exercer que les droits de leur débiteur. Il leur est permis d'intervenir et de discuter la demande en extinction d'usufruit formée par le propriétaire, d'offrir des garanties, de demander que la privation d'usufruit ne soit que partielle; mais quand la question est jugée, soit avec eux, soit sans eux (le propriétaire n'étant point obligé de les appeler), il ne leur reste plus de recours; ils doivent s'imputer de n'avoir pas surveillé l'usufruitier : avec moins de négligence, ils auraient connu la demande du propriétaire, et auraient dû intervenir. L'amendement de Treilhard fut adopté, et les deux art. 514 et 515 (aujourd'hui remplacés par l'art. 618) furent rédigés dans ce sens : Art. 514 : L'usufruit peut aussi s'éteindre par l'abus de jouissance : art. 515 dans ce cas les créanciers de l'usufruitier peuvent intervenir, et les juges peuvent, suivant la gravité des circonstances, prononcer l'extinction absolue de l'usufruit, ou n'ordonner la rentrée en jouissance du propriétaire que sous la charge de payer annuellement à l'usufruitier une somme déterminée. D'après l'intention probable des rédacteurs du Code, l'art. 515 n'était que l'application du droit commun, c'est-à-dire de la règle énoncée par l'art. 1166 : « que les créanciers peuvent exercer les droits de leur débiteur. » En vertu de ce principe, les créanciers peuvent faire ce que lui-même aurait fait; par exemple, offrir la réparation des dégradations commises et des garanties pour l'avenir, afin de conjurer sa déchéance.

195. De ce que l'intervention des créanciers, prévue par l'ancien art. 515 du projet, n'est qu'une application de l'art. 1166, n'est que l'exercice d'un droit de leur débiteur, il suit que celui-ci pourrait lui-même exercer ce droit, et par conséquent offrir la réparation du dommage causé, et des garanties pour l'avenir.

196. Supposons donc cette proposition faite, soit par l'usufruitier, soit par ses créanciers intervenants. Les juges pour-

ront-ils néanmoins prononcer la déchéance? Suivant certains auteurs, si ces propositions sont faites par les créanciers, les juges ne pourront prononcer la déchéance, car par leurs offres les créanciers sont subrogés aux lieu et place de l'usufruitier, pour jouir par eux-mêmes de l'usufruit (Proudhon). Mais ce système ne peut se soutenir. Il tombe au simple examen historique de la rédaction des art. 514 et 515 du projet (art. 618 actuel). L'art. 515 était ainsi conçu : « Dans le cas d'abus, les créanciers peuvent intervenir.... et les juges peuvent, suivant la gravité des circonstances, prononcer la déchéance absolue, ou n'ordonner la rentrée en jouissance du propriétaire que moyennant indemnité. » Ainsi, l'art. 515 décidait positivement que, dans le cas même d'intervention des créanciers, dans le cas où ils indemnisent le propriétaire du dommage passé et offrent des garanties pour l'avenir, la déchéance, nonobstant leurs propositions, peut être prononcée. Le Tribunat, il est vrai, a proposé et fait adopter la fusion des deux art. 514 et 515 en un seul, qui est aujourd'hui l'art. 618. Mais a-t-il voulu changer la décision de l'art. 515? Nullement. La contexture de l'art. 618 ne permet pas de donner pour notre question une solution autre que si les art. 514 et 515 anciens étaient restés séparés. Si le Tribunat en a demandé la fusion, c'est parce que l'art. 514 se bornait à dire que l'usufruit pouvait cesser par l'abus de jouissance de l'usufruitier, et ne déclarait pas que les juges pourraient en ce cas se borner à substituer une rente annuelle à la jouissance effective. C'est dans l'art. 515, relatif à l'intervention des créanciers, que le législateur donnait cette faculté aux juges. Or, le Tribunat craignait (faisant tort à l'intelligence de nos tribunaux) que ceux-ci ne voulussent appliquer cette faveur qu'autant qu'il y aurait intervention des créanciers, et non lorsque l'usufruitier serait seul en cause. C'est uniquement la crainte de cette équivoque qui a fait réunir les deux art. 514 et 515. Donc, la disposition de l'art. 618, qui reproduit l'art. 515, doit encore être interprétée comme elle l'eût été si l'art. 515 était resté séparé, et par conséquent il est impossible de refuser aux juges le pouvoir de prononcer la déchéance, lors même que les créanciers offriraient et réparation pour le passé et garantie pour l'avenir. (Cette décision inévitable justifie bien les reproches que nous adressons au législateur, pour avoir admis l'abus de jouissance comme mode d'extinction. N'est-il pas souverainement injuste, quand le nu-propriétaire est indemnisé pour le passé et garanti pour l'avenir, de pouvoir lui attribuer la jouissance, en l'enlevant à ceux qui lui offrent réparations et sûretés. Que peut-il demander davantage? La déchéance pour abus de jouissance, dans l'idée même du législateur, n'était destinée qu'à lui donner des garanties, et voilà que, par une conséquence nécessaire, ce mode d'extinction va devenir pour lui une cause de bénéfice.)

SECTION XIII.

Y A-T-IL D'AUTRES MODES D'EXTINCTION DE L'USUFRUIT QUE CEUX QUI RÉSULTENT DU DROIT GÉNÉRAL ET DES ART. 617-625 ?

197. Existe-t-il d'autres causes d'extinction de l'usufruit que celles que nous avons déjà énumérées? Nous pouvons répondre négativement, car la perte d'un droit ne doit jamais se présumer. Appliquer à un droit particulier les causes d'extinction spéciale prévues par le texte qui s'y réfère, puis les causes d'extinction de tous les droits en général, lors même que la disposition relative à ce droit ne les aurait pas expressément mentionnées (car la règle générale est applicable toutes les fois qu'il n'y est pas expressément dérogé), voilà à quoi l'on doit se borner. Aussi approuvons-nous sans réserve un arrêt de la Cour de cassation, qui, en 1836, a jugé que le défaut d'inventaire ne faisait pas perdre l'usufruit, malgré l'argument d'analogie qu'on pourrait tirer de la décision donnée par l'art. 1442 pour l'usufruit légal. — Les auteurs citent ordinairement, dans le sens contraire, un arrêt de la Cour de Rennes, du 27 juin 1818. Mais cet arrêt est très-mal analysé par les arrêtistes. Il ne dit pas du tout ce qu'on lui voudrait faire dire. Il se borne à déclarer que la vente de l'immeuble par l'usufruitier n'est pas un acte d'abus, parce que le nu-propriétaire peut toujours revendiquer; au contraire, que la vente de meubles est un cas d'abus, parce qu'en vertu de l'art. 2279 le tiers acquéreur ne peut en être évincé, et que le droit du nu-propriétaire se réduirait en ce cas à un recours peut-être illusoire contre l'usufruitier.

C'est un système qui peut se soutenir, et que certaines personnes étendent même aux immeubles d'après les principes de l'ancienne jurisprudence, bien qu'il n'y ait plus la même raison de décider que pour les meubles (V. M. Demolombe). Si l'arrêt de Rennes s'est motivé également sur ce que, dans l'espèce, il y avait eu défaut d'inventaire, c'était pour établir que dès l'origine l'usufruitier avait conçu une pensée de fraude qui s'était réalisée par la vente des meubles opérée au détriment du nu-propriétaire, et que, conséquemment, on ne pouvait se refuser à voir dans cette vente postérieure un cas d'abus frauduleux et inexcusable.

Suivant Proudhon, le défaut d'inventaire seul, s'il avait été conçu dans une pensée évidente de mauvaise foi, suffirait pour faire perdre l'usufruit mobilier. Car, dit-il, ce serait un cas d'abus. Il nous est bien difficile d'admettre même ce tempérament. Comment voir un abus de *jouissance* dans le défaut d'un inventaire, c'est-à-dire d'un acte qui doit *précéder* toute *jouissance?* Dresser ou ne pas dresser inventaire est-ce que c'est faire acte ou ne pas faire acte de jouissance? Dites, si vous voulez, que c'est la tentative d'un abus de jouissance, que c'est l'action destinée à faciliter, à préparer celui-ci; mais la tentative ne doit pas être assimilée au fait lui-même; vous la prendrez en considération, si vous voulez, pour démontrer la préméditation dans le cas où ce fait se produira, mais jusque-là il ne vous est pas permis de vous en faire une arme contre l'usufruitier.

CHAPITRE II.

EXTINCTION DU QUASI-USUFRUIT.

198. Le quasi-usufruit, que les rédacteurs du Code n'ont pas hésité à appeler : « Usufruit des choses dont on ne peut faire usage sans les consommer, » confère à l'usufruitier la propriété des objets qui y sont soumis. A une époque déterminée, l'usufruitier est tenu de rendre des choses de même nature, de même valeur, ou l'estimation de ces choses, quand l'estimation a eu lieu. Le quasi-usufruit peut donc se décomposer en deux éléments : en un droit de propriété acquis définitivement au quasi-usufruitier, et qui partant ne peut s'éteindre que par les modes qui entraînent la perte de la propriété ; et en une obligation pour ce quasi usufruitier de donner, à une certaine époque, des choses de même valeur que celles dont la propriété lui a été transmise. Que le quasi-usufruitier vienne à mourir, que le jour fixé pour la restitution d'objets de même valeur que ceux qui lui ont été attribués arrive, le droit du quasi-usufruitier sur ces choses ne sera pas perdu ; ces choses passeront à ses héritiers, puisqu'elles étaient sa propriété, et par conséquent devaient se transmettre à ses successeurs. Mais le moment de l'obligation de restituer des choses de même valeur sera arrivé.

§ 1er. — Cas où le droit du quasi-usufruitier sur la chose se perd.

199. Le droit de l'usufruitier sur la chose s'éteint nécessairement par les modes qui amènent la perte de la propriété. Ainsi, il s'éteint par la transmission que l'usufruitier peut faire des objets mêmes qui lui ont été constitués en usufruit. Il

s'éteint encore par la perte de la chose, ou par la consolidation qui s'opère lorsque le nu-propriétaire devient le successeur du quasi-usufruitier. De même encore les objets soumis au quasi-usufruit peuvent se perdre par la prescription, et par la résolution de l'acte constitutif ou des droits du constituant (sauf le cas de bonne foi du quasi-usufruitier, art. 2279). Mais hors ces cas, le quasi-usufruitier ou ses héritiers conservent leur droit de propriété sur les choses objets du quasi-usufruit. Seulement, par suite de certains événements que nous allons étudier dans le deuxième paragraphe, l'obligation de restituer des choses analogues doit être exécutée.

§ 2. Cas qui font arriver l'échéance de l'obligation de restituer

200. Suivant M. Demolombe, la mort naturelle, l'arrivée du terme ou l'événement de la condition sont les seuls modes possibles d'extinction du quasi-usufruit, ou, si l'on veut, les seuls événements susceptibles de produire l'échéance de l'obligation de restituer.

La proposition de M. Demolombe est incomplète, comme nous l'établirons plus loin. Examinons-la d'abord dans ce qu'elle a d'exact. Le quasi-usufruitier étant devenu propriétaire des choses mêmes, et ayant le droit de les consommer, il est bien clair que la perte de la chose, le non-usage, l'abus de jouissance ne doivent pas amener l'échéance de l'obligation de restituer. Il en est de même de la consolidation qui, faisant de l'usufruitier à la fois le créancier et le débiteur de l'obligation de restituer, entraîne la perte de cette obligation par confusion.

La Cour de cassation a jugé que l'abus de jouissance était une cause d'échéance de l'obligation de restituer, d'après ces considérations que l'article 618 est le résultat d'un principe général d'équité qui domine l'usufruit de toutes choses quelconques; que lorsque l'usufruitier manque à ses devoirs les plus essentiels, il est juste et légal que son droit puisse être résolu, soit que son usufruit porte sur des immeubles, soit qu'il porte sur des choses fongibles (21 janvier 1845). Cette jurisprudence est inconciliable avec le principe que le quasi-usufruitier est propriétaire des choses fongibles, et qu'un propriétaire ne peut perdre son droit par abus. Quant au droit lui-même, l'abus ne peut le faire évanouir; le quasi-usufruitier reste propriétaire des objets compris dans son usufruit; il n'est pas permis de violer cette règle, que la propriété ne se perd point par l'abus. Reste l'obligation de restitution. Or, cette obligation peut-elle échoir parce que le quasi-usufruitier a abusé d'une chose qui était sa propriété? Est-ce qu'un débiteur ne peut pas dissiper ses biens, faire d'autres dettes, sans que, sauf dans le cas de l'art. 1167, ses créanciers puissent y trouver un sujet de blâme? Sans doute, le débiteur qui diminue les garanties par lui données au créancier, est déchu du bénéfice du terme. Mais ici telle n'est pas la situation. L'usufruitier n'est tenu par la loi de donner au nu-propriétaire aucune garantie, sauf la caution; il ne peut donc diminuer de garanties. Il est bien entendu que si l'usufruitier de choses fongibles tombe en déconfiture, le nu-propriétaire pourra invoquer la déchéance du terme, et, par conséquent, réclamer immédiatement une restitution dont la caution sera responsable. Si cette caution devient insolvable, le nu-propriétaire peut aussi exiger que le quasi-usufruitier en fournisse une nouvelle. Il a d'ailleurs toujours la ressource de l'art. 1180, qui donne à tout créancier conditionnel le droit de prendre des mesures conservatoires, de demander, par exemple, le placement des capitaux en lieu sûr, et cela doit lui suffire.

201. Nous avons dit en commençant que la proposition de M. Demolombe, rapportée n° 200, était incomplète. En effet, cette proposition ne s'occupe pas de la renonciation, et il est évident pourtant que la renonciation du quasi-usufruitier amènerait l'échéance de l'obligation de restituer. Cette renonciation porterait, dans l'espèce, sur le bénéfice du terme stipulé.

CHAPITRE III.

PERTE PARTIELLE DE L'USUFRUIT.

202. Certains modes d'extinction peuvent entraîner la perte partielle de l'usufruit, tandis que d'autres l'éteignent d'une manière absolue. Suivant M. Demolombe, il faudrait ranger dans cette dernière catégorie : la mort, l'expiration du temps, l'arrivée de la condition résolutoire.

Cette doctrine a besoin d'explication. Si un testateur a légué l'usufruit indivis d'une maison à deux personnes déterminées et que l'une des deux vienne à mourir après avoir recueilli son legs, nous avons décidé qu'il y aurait lieu au droit d'accroissement; l'usufruit ne s'éteindrait certainement point partiellement par la mort dans cette hypothèse. Mais si nous prenons un cas où il n'y ait pas lieu au droit d'accroissement, le cas, par exemple, de constitution entre-vifs d'un usufruit au profit de deux personnes, et que l'une d'elles vienne à mourir, la moitié de l'usufruit faisant retour à la propriété, on pourrait soutenir que, par rapport au nu-propriétaire, il y a perte partielle de l'usufruit. Toutefois, même en ce cas, si l'on considère la question par rapport à l'usufruitier défunt, il sera vrai de dire qu'il y a perte totale, car le droit tout entier de cet usufruitier est épuisé. Quant à l'arrivée du terme ou de la condition résolutoire, il pourrait se faire qu'un testateur léguant l'usufruit d'une universalité, n'eût imposé un terme ou une condition résolutoire que relativement à certains objets de cette universalité, par exemple qu'il eût dit : « Je lègue à Pierre l'usufruit de tous mes biens; seulement, j'entends qu'il perde l'usufruit de ma maison A, dès que mon héritier aura l'âge de vingt ans. » Si nous supposons cette époque arrivée, Pierre perd l'usufruit de la maison A, et garde celui des autres objets. On pourrait donc jusqu'à un certain point, en considérant la totalité du legs à lui fait, dire que le droit d'usufruit est éteint partiellement. Mais il faut bien remarquer que dans ce legs, la maison A se trouvera individualisée, distraite, pour ainsi dire, de l'ensemble; l'usufruit en aura été légué spécialement sous condition résolutoire, et l'arrivée de cette condition aura résolu totalement l'usufruit spécial qui portait sur la maison.

La résolution du titre constitutif entraîne toujours l'extinction totale de l'usufruit.

203. Quels sont les modes d'extinction susceptibles de n'entraîner qu'une perte partielle?

Dans cette catégorie, il faut ranger la résolution des droits du constituant. En effet, si le constituant venait à être évincé de la propriété de l'un des immeubles qu'il avait grevés d'un droit d'usufruit général, l'usufruitier ne perdrait que l'usufruit de l'immeuble soumis à l'éviction.

La consolidation peut également n'amener qu'une perte partielle; si l'usufruitier n'est, par exemple, héritier que pour moitié du nu-propriétaire, pour moitié il sera plein-propriétaire; pour l'autre moitié, il restera usufruitier.

Il en est de même du non-usage. M. Demolombe pense pourtant que si l'usufruitier d'une universalité n'avait usé que de quelques-uns des biens compris dans cette universalité, il aurait conservé son droit sur le tout; car, dit-il, l'usufruitier a usé de son droit, qui consistait à jouir comme il l'entendait de l'unité collective sur laquelle il était établi. Quoi qu'il en soit, quant à un usufruit non établi sur une universalité, il est incontestable que le non-usage peut n'en amener qu'une perte partielle. C'est ce qui arrivera, si Paul m'ayant laissé l'usufruit de deux de ses maisons, je n'ai usé que de l'une : j'aurai perdu mon droit sur l'autre.

La renonciation sans réserve entraîne nécessairement l'extinction totale de l'usufruit. Mais si la renonciation avait été restreinte à certains objets, la perte ne serait que partielle. Seulement la grande majorité des auteurs remarquent que l'usufruitier n'aurait pas le droit de renoncer à l'usufruit de certains objets improductifs, en gardant celui des objets de bon rapport.

La renonciation, même faite en termes généraux, peut n'avoir qu'un effet partiel : c'est ce qui arrivera dans le cas où les créanciers de l'usufruitier l'auront fait rescinder ; comme alors elle n'est résolue qu'en leur faveur, eux désintéressés, ce qui fût resté de l'usufruit aura fait définitivement retour à la nue propriété. De même, si une femme séparée de biens avait renoncé *à titre onéreux*, d'une manière générale, à un usufruit composé de meubles et d'immeubles, comme elle peut aliéner ses meubles, sa renonciation serait valable quant à la partie de l'usufruit qui porte sur les meubles, mais nulle pour le reste.

Nous avons vu que la question de savoir si la perte partielle, d'où résulte une modification de la substance, entraînerait l'extinction de l'usufruit, était controversée. Dans tous les cas, quand cette perte partielle n'aura pas amené un changement de la substance, et, par conséquent, quand elle n'aura pas entraîné la perte du droit, on pourra dire qu'elle a borné l'étendue de la jouissance et, à ce point de vue, produit une perte partielle de l'usufruit.

L'abus de jouissance peut très-bien être une cause d'extinction partielle. Les juges ont le pouvoir de prononcer la déchéance totale ; or, qui peut le plus peut le moins. D'ailleurs, la discussion du Code Napoléon vient en aide à cette proposition. Ainsi, Treilhard dit que « les créanciers peuvent intervenir et discuter la demande en extinction d'usufruit formée par le propriétaire, et demander que la privation de l'usufruit ne soit que *partielle*. » Bigot-Préameneu parle également des cas où l'usufruit a été aboli ou *restreint*.

POSITIONS.

Droit romain.

I. Des textes nombreux du Digeste et le témoignage de plusieurs historiens nous prouvent que l'origine des constitutions impériales remonte aux premiers jours de l'Empire.

II. Pour qu'il y ait mariage, il faut que la femme soit mise à la disposition du mari.

III. L'enfant conçu pendant le mariage est présumé, en règle générale, appartenir au mari.

IV. Dans le droit classique, le possesseur de bonne foi faisait siens tous les fruits perçus, lors même qu'il ne les avait pas consommés.

V. Les pactes et les stipulations n'étaient pas suffisants pour constituer le droit réel de servitude.

VI. Avant Dioclétien, le pubère, même pourvu d'un curateur, pouvait s'obliger (spécialement vendre), sans le consentement de son curateur.

VII. Les biens des pupilles et des mineurs de vingt-cinq ans pouvaient, en général, être usucapés à l'époque des jurisconsultes.

VIII. Le changement que Justinien introduit par la constitution 16. C. *de usufr.*, § 1, relativement à la perte de l'usufruit par non-usage, ne porte que sur le délai, et n'établit pas la nécessité d'une véritable usucapion de la part du nu-propriétaire.

IX. L'abus de jouissance n'est pas un mode d'extinction de l'usufruit.

X. Le fragment 30, *de usufr. leg.*, ne peut être concilié avec le fr. 11, § 7, *fam. ercise.*

XI. Dans le plus ancien droit (consacré du reste par Justinien), le changement substantiel de la chose n'était pas une cause spéciale d'extinction de l'usufruit.

Droit français.

I. Les aliénations faites par l'héritier apparent ne sont pas valables.

II. La possession d'état prouve la filiation naturelle tant à l'égard de la mère qu'à l'égard du père.

III. L'enfant né trois cents jours après la dissolution du mariage ne peut être déclaré légitime par les tribunaux en cas de contestation.

IV. L'enfant naturel reconnu peut être adopté par ses père ou mère.

V. Pour que le propriétaire du fonds inférieur puisse invoquer la prescription prévue par l'art. 642, il n'est pas nécessaire que les ouvrages destinés à faciliter le cours de l'eau aient été faits sur le fonds *supérieur*.

VI. Les créanciers du défunt qui ont demandé la séparation des patrimoines ont, en cas d'insuffisance de l'actif de la succession, le droit de se faire payer sur les biens de l'héritier, par contribution avec les créanciers propres de celui-ci.

VII. Le droit français n'a pas admis la règle : « contrà non valentem agere non currit præscriptio. »

VIII. L'usufruit peut se perdre par la prescription de dix, vingt et trente ans, en matière immobilière, et par la prescription instantanée, en matière mobilière.

IX. La perte prononcée contre l'usufruitier pour abus de jouissance, entraîne l'extinction des droits que cet usufruitier a pu consentir à des tiers (sauf le droit du fermier dans les limites de l'art. 595).

X. L'usufruit éteint par la perte de la chose ne revit pas,

même quand cette chose revient à s... t primitif
avant l'expiration de trente ans.

Droit administratif.

I. Le droit de chasse appartient au fermier.
II. Le lit des petits cours d'eau appartient à l'État.

Droit international.

I. Les consuls sont contraignables par corps.
II. Les jugements rendus par les tribunaux étrangers,
contre des étrangers, ne peuvent être révisés au fond
par les tribunaux français chargés de les déclarer exé-
cutoires.

Droit criminel.

I. Le duel n'est pas prévu par le Code pénal.

Histoire du Droit.

I. La communauté ne paraît pas avoir une origine celtique.
II. Les réserves coutumières n'apparaissent que dans le
droit féodal.

Vu par le Président de la thèse,
        OUDOT.

Vu par le Doyen,
        C.-A. PELLAT.

Permis d'imprimer :

                Le Vice-Recteur de l'Académie,
                ARTAUD.

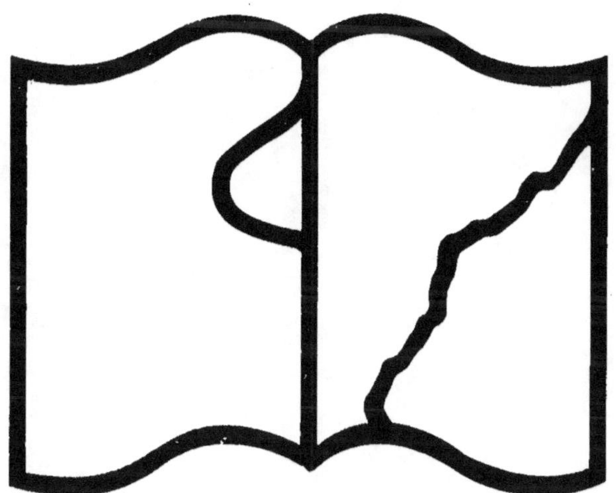

Texte détérioré — reliure défectueuse

NF Z 43-120-11

www.ingramcontent.com/pod-product-compliance
Lightning Source LLC
Chambersburg PA
CBHW071307030726
47594CB00002B/345